Escapades et
douces flâneries
au Québec

D0889419

Recherche et rédaction
Gabriel Audet, Caroline Béliveau, Julie Bro-
deur, Alexandre Chouinard, Guy Dagenais,
Daniel Desjardins, Alexandra Gilbert, Élodie
Luquet, Stéphane G. Marceau, Jacqueline
Grekin, François Hénault, Claude Morneau,
Yves Ouellet, Joël Pomerleau, Sylvie Rivard,
Yves Séguin, Marcel Verreault

Éditeur
Claude Morneau

Directeur de production
André Duchesne

Correcteur
Pierre Daveluy

Infographistes
Marie-France Denis
Isabelle Lalonde

Illustrateurs
Vincent Desruisseaux, Myriam Gagné,
Lorette Pierson, Marie-Annick Viatour

Photographies de la page couverture
Patrick Escudero
Philippe Renault

Nos bureaux

Canada: Guides de voyage Ulysse, 4176, rue Saint-Denis, Montréal (Québec) H2W 2M5,
☎(514) 843-9447, fax: (514) 843-9448, info@ulysse.ca, www.guidesulysse.com

Europe: Guides de voyage Ulysse SARL, 127, rue Amelot, 75011 Paris, France,
☎01 43 38 89 50, fax: 01 43 38 89 52, voyage@ulysse.ca, www.guidesulysse.com

États-Unis: Ulysses Travel Guides, 305 Madison Avenue, Suite 1166, New York, NY 10165,
info@ulysses.ca, www.ulyssesguides.com

Nos distributeurs

Canada: Guides de voyage Ulysse, 4176, rue Saint-Denis, Montréal (Québec) H2W 2M5,
☎(514) 843-9882, poste 2232, fax: (514) 843-9448, info@ulysse.ca, www.guidesulysse.com

Belgique: Interforum Bénélux, 117, boulevard de l'Europe, 1301 Wavre, ☎010 42 03 30,
fax: 010 42 03 52

France: Interforum, 3, allée de la Seine, 94854 Ivry-sur-Seine Cedex, ☎01 49 59 10 10,
fax: 01 49 59 10 72

Suisse: Interforum Suisse, ☎(26) 460 80 60, fax: (26) 460 80 68

Pour tout autre pays, contactez les Guides de voyage Ulysse (Montréal).

Catalogage avant publication de Bibliothèque et Archives Canada

Vedette principale au titre :
   Escapades et douces flâneries au Québec
   (Guide de voyage Ulysse)
   Comprend un index.
   ISBN 2-89464-787-5
   1. Québec (Province) - Guides. 2. Québec (Province) - Circuits touristiques. I. Collection.
FC2907.E82 2006 917.1404'5 C2006-940172-1

Sommaire

Remerciements

Les Guides de voyage Ulysse reconnaissent l'aide financière du gouvernement du Canada par l'entremise du Programme d'aide au développement de l'industrie de l'édition (PADIÉ) pour leurs activités d'édition.

Les Guides de voyage Ulysse tiennent également à remercier le gouvernement du Québec – Programme de crédit d'impôt pour l'édition de livres – Gestion SODEC.

Écrivez-nous

Tous les moyens possibles ont été pris pour que les renseignements contenus dans ce guide soient exacts au moment de mettre sous presse. Toutefois, des erreurs peuvent toujours se glisser, des omissions sont toujours possibles, des adresses peuvent disparaître, etc.; la responsabilité de l'éditeur ou des auteurs ne pourrait s'engager en cas de perte ou de dommage qui serait causé par une erreur ou une omission.

Nous apprécions au plus haut point vos commentaires, précisions et suggestions, qui permettent l'amélioration constante de nos publications. Il nous fera plaisir d'offrir un de nos guides aux auteurs des meilleures contributions. Écrivez-nous à l'une des adresses suivantes, et indiquez le titre qu'il vous plairait de recevoir.

Guides de voyage Ulysse
4176, rue Saint-Denis
Montréal (Québec)
Canada H2W 2M5
www.guidesulysse.com
texte@ulysse.ca

Les Guides de voyage Ulysse, SARL
127, rue Amelot
75011 Paris
France
www.guidesulysse.com
voyage@ulysse.ca

Liste des cartes

Légende des cartes

✈	Aéroport international	·········	Frontière provinciale ou régionale	🚲	Piste cyclable
★	Attraits touristiques	�	Forêt ou parc	◇	Plage
▮	Bâtiment	🚂	Gare ferroviaire	●	Point de départ du circuit
⊛	Capitale	🚌	Gare routière	🎇	Point de vue
········	Chemin de fer	H	Hôpital	⟳	Station de métro
↘	Circuit suggéré	❶	Information touristique	🚢	Traversier (ferry)
➡	Direction du circuit	▨	Mer, lac, rivière	🚤	Traversier (navette)
·──·──·─	Frontière internationale	🏛	Musée		

Symboles utilisés dans ce guide

★	Intéressant
★★	Vaut le détour
★★★	À ne pas manquer
➔	Itinéraire
♿	Accès aux personnes à mobilité réduite
🎁	Ce symbole en forme de coffre aux trésors indique les trouvailles que nos rédacteurs tiennent à partager avec vous.

LES RÉGIONS TOURISTIQUES DU QUÉBEC

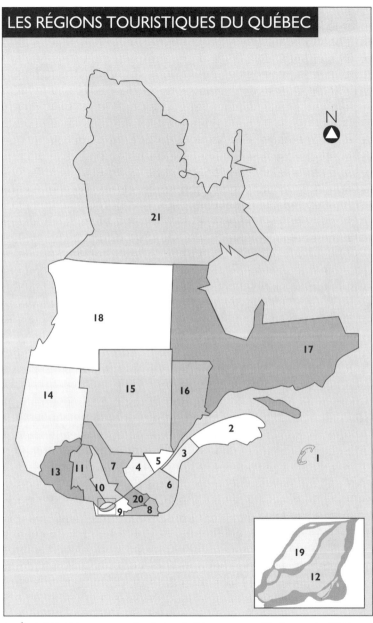

1. Îles de la Madeleine	**8.** Cantons-de-l'Est	**15.** Saguenay–Lac-Saint-Jean
2. Gaspésie	**9.** Montérégie	**16.** Côte-Nord: Manicouagan
3. Bas-Saint-Laurent	**10.** Lanaudière	**17.** Côte-Nord: Duplessis
4. Région de Québec	**11.** Laurentides	**18.** Baie-James
5. Charlevoix	**12.** Montréal	**19.** Laval
6. Chaudière-Appalaches	**13.** Outaouais	**20.** Centre-du-Québec
7. Mauricie	**14.** Abitibi-Témiscamingue	**21.** Nunavik

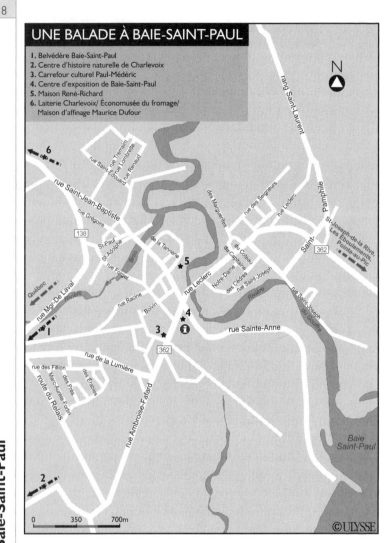

UNE BALADE À BAIE-SAINT-PAUL

1. Belvédère Baie-Saint-Paul
2. Centre d'histoire naturelle de Charlevoix
3. Carrefour culturel Paul-Médéric
4. Centre d'exposition de Baie-Saint-Paul
5. Maison René-Richard
6. Laiterie Charlevoix/ Économusée du fromage/ Maison d'affinage Maurice Dufour

©ULYSSE

Une balade à Baie-Saint-Paul

Une balade à Baie-Saint-Paul

On découvre l'ensemble de Baie-Saint-Paul au détour de la route. Une longue pente mène au cœur de la ville qui conserve un air vieillot, ce qui rend agréable la promenade dans les rues Saint-Jean-Baptiste, Saint-Joseph et Sainte-Anne, bordées de petites maisons de bois au toit mansardé qui abritent de nos jours boutiques et cafés. L'endroit attire depuis plus de 100 ans des artistes paysagistes nord-américains séduits par les montagnes et la lumière particulière de Charlevoix. Aussi trouve-t-on à Baie-Saint-Paul une grande concentration de galeries et centres d'art où l'on peut voir et même acheter des peintures et des gravures canadiennes.

L'itinéraire

De Québec, empruntez la route 138, qui constitue le principal axe routier de Charlevoix. Après avoir traversé les étendues horizontales des battures du fleuve Saint-Laurent, la route 138 grimpe soudainement dans les montagnes de Charlevoix à l'endroit précis où les Laurentides rejoignent le fleuve, refermant ainsi la vallée du Saint-Laurent à l'est. Si l'on jette un regard derrière soi, on aperçoit alors, par temps clair, l'île d'Orléans sur la gauche et la ville de Québec dans le lointain.

À découvrir

Le **Belvédère Baie-Saint-Paul** *(444 boul. Mgr-De Laval, route 138; Randonnées Nature-Charlevoix ☎418-435-6275, www.randonneesnature.com)*, une halte routière, offre un point de vue des plus spectaculaires qui permet d'embrasser en un coup d'œil la vallée de la rivière du Gouffre, Baie-Saint-Paul et l'île aux Coudres. Vous pouvez vous y informer sur les attraits touristiques, l'hébergement, les activités et services de plein air, la restauration et les particularités de Charlevoix.

Le **Centre d'histoire naturelle de Charlevoix** ★ *(contribution volontaire, pour groupes 1,75$ par personne; fin mai à fin juin et début sept à mi-oct tlj 10h à 16h, fin juin à début sept tlj 9h à 17h, mi-oct à fin mai sur réservation; 444 boul. Mgr-De Laval, route 138, ☎418-435-6275, www.randonneesnature.com)* s'inspire de cinq grands thèmes traitant des merveilles naturelles de la région. Ainsi, l'histoire géologique, la flore, la faune, les climats de même que l'histoire humaine y sont expliqués au moyen de présentations audiovisuelles et autres diaporamas. De plus, on y propose une excursion de deux heures à bord d'un autobus scolaire qui vous conduit dans l'arrière-pays, à la découverte des origines météoritiques de Charlevoix.

Le centre présente également l'exposition ***Charlevoix, un destin venu du ciel*** ★★, qui relate l'histoire géologique de la région et l'extraordinaire impact météoritique qui en modela le paysage il y a 350 millions d'années.

Baie-Saint-Paul est particulièrement intéressante pour son **Circuit des galeries d'art** ★. On y retrouve de tout, chaque boutique ayant sa spécialité. Huiles, pastels, aquarelles, eaux-fortes..., tableaux de grands noms et artistes à la mode, originaux et reproductions, sculptures et poésie..., l'idéal quoi! C'est un plaisir de chaque instant que de flâner dans les rues Saint-Jean-Baptiste, Sainte-Anne ou ailleurs, et de s'arrêter dans toutes ces galeries où le personnel ne demande pas mieux que de parler art.

Le **Carrefour culturel Paul-Médéric** ★ *(entrée libre; début avr à fin juin et début sept à oct tlj 10h à 17h, fin juin à début sept tlj 10h à 18h, nov à avr mer-dim 10h à 17h; 4 rue Ambroise-Fafard, ☎418-435-2540, www.centredart-bsp.qc.ca)*. Ce bâtiment moderne conçu en 1967 par l'architecte Jacques de Blois présente une sélection de toiles des artistes de Charlevoix. Il est complété par la salle René-Richard, où sont exposés plu-

sieurs tableaux du peintre d'origine suisse René Richard (voir ci-dessous). Un symposium de peinture au cours duquel on peut voir à l'œuvre de jeunes artistes est organisé tous les mois d'août.

Le **Centre d'exposition de Baie-Saint-Paul** ★★ *(4$; fin juin à fin août mar-dim 10h à 18h, début sept à fin juin mar-dim 10h à 17h; 23 rue Ambroise-Fafard, ☎418-435-3681, www.centredexpo-bsp.qc.ca)*, ce musée-galerie achevé en 1992 selon les plans de l'architecte Pierre Thibault, accueille des expositions temporaires provenant du monde entier.

La **maison René-Richard** ★ *(contribution volontaire; tlj 10h à 18h; 58 rue St-Jean-Baptiste, ☎418-435-5571)*. Au début du XXᵉ siècle, François-Xavier Cimon hérite d'une maison entourée d'un parc menant à la rivière du Gouffre. Le portraitiste Frederick Porter Vinton, qui se lie d'amitié avec la famille Cimon, fait aménager un atelier de peinture à proximité de la maison. Celui-ci sera plus tard utilisé par les Clarence Gagnon, A.Y. Jackson, Frank Johnston, Marc-Aurèle Fortin et Arthur Lismer, dont on peut aujourd'hui voir les œuvres dans les principaux musées canadiens. Enfin, en 1942, le peintre René Richard obtient le domaine par son mariage avec la fille Cimon. Depuis la mort de Richard en 1983, la propriété est ouverte au public et fait office de musée et de galerie d'art. La visite des lieux plonge le promeneur dans l'ambiance qui prévalait dans Charlevoix au tournant des années

1940, alors qu'artistes et collectionneurs avertis, venus de New York ou de Chicago, fraternisaient pendant les vacances estivales.

La **Laiterie Charlevoix** ★ *(entrée libre; fin juin à début sept tlj 8h à 19h, sept à fin juin lun-ven 8h à 17h30, sam-dim 9h à 17h; 1167 boul. Mgr-De Laval,* ☎*418-435-2184, www. fromagescharlevoix.com)*, fondée en 1948, a conservé le caractère artisanal des méthodes de fabrication du fromage cheddar. Elle abrite l'**Économusée du fromage**. Chaque jour, avant 11h, vous pouvez voir les fromagers en action et apprendre les rudiments de la fabrication du fromage ainsi que de son processus de maturation.

Le savoureux Migneron de Charlevoix, gagnant de plusieurs prix, et le Ciel de Charlevoix, un délicieux bleu, sont vieillis et conduits à maturation à la **Maison d'affinage Maurice Dufour** ★ *(tlj 9h à 17h; 1339 boul Mgr-De Laval; restaurant sur place et visites guidées;* ☎*418-435-5692, www.fromagefin.com)*, fondée en 1994.

Une balade dans les rangs environnants permet d'apercevoir les quatre moulins à eau de Baie-Saint-Paul, notamment le **moulin César** *(730 rang St-Laurent)*, classé monument historique.

Un peu en retrait de la ville, au bord du ruisseau Michel, un vieux moulin de pierres attend votre visite. À ses côtés se trouvent un foulon à laine, un hangar à grain, un séchoir à tabac et encore bien d'autres secrets à découvrir. La visite guidée des **Jardins secrets du Vieux-Moulin** *(7$; mi-juin à début sept tlj 10h à 17h, mai et sept ouvert aux grou-pes sur réservation; 4 ch. du Vieux-Moulin,* ☎*418-240-2146)* se transforme plutôt en jeu interactif dans lequel chaque visiteur jouera un rôle important qui en fera apprendre plus à tout le groupe au sujet des métiers traditionnels de la région.

Quittez Baie-Saint-Paul par la route 362 *(rue Leclerc)* pour rejoindre Saint-Joseph-de-la-Rive, Les Éboulements et La Malbaie. Une halte panoramique, à flanc de montagne, permet d'apprécier le paysage grandiose. Un peu plus loin, vous croiserez l'entrée du **Domaine Charlevoix** *(10$ incluant la navette jusqu'au fleuve; fin mai à fin juin et début sept à mi-oct tlj 10h à 17h, fin juin à début sept tlj 9h30 à 18h, horaires variables fin oct; 340 route 362,* ☎*418-435-2626 ou 877-435-2627)*, qui offre l'occasion de pratiquer diverses activités de plein air telles que le ski de fond, la randonnée pédestre et le vélo de montagne.

Pour arpenter les méandres de la baie de Baie-Saint-Paul, pensez au kayak de mer! **L'air du large** *(billetterie au 210 rue Sainte-Anne,* ☎*418-435-2066 en été ou* ☎*418-435-0127 en hiver, www.airdularge.com)*, qui porte un très joli nom, loue des embarcations en plus d'organiser des excursions à la voile, des croisières sur le fleuve ou des descentes en kayak de la rivière du Gouffre. Installé au quai de Baie-Saint-Paul, L'air du large loue aussi des vélos et propose des initiations au cerf-volant acrobatique et au parapente. Avis aux amateurs d'eau et de vent!

Une balade à Baie-Saint-Paul

Une balade sur le mont Royal

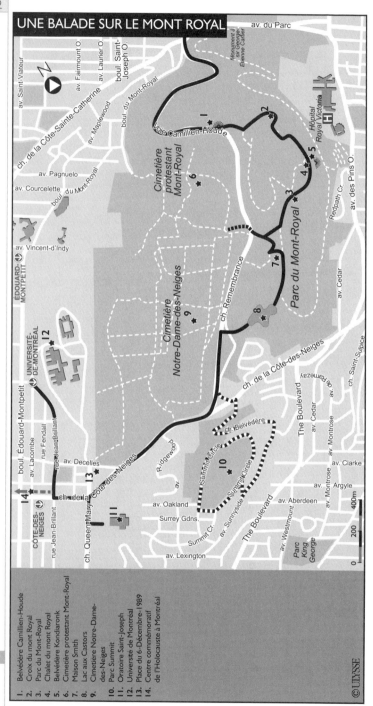

UNE BALADE SUR LE MONT ROYAL

1. Belvédère Camillien-Houde
2. Croix du mont Royal
3. Parc du Mont-Royal
4. Chalet du mont Royal
5. Belvédère Kondiaronk
6. Cimetière protestant Mont-Royal
7. Maison Smith
8. Lac aux Castors
9. Cimetière Notre-Dame-des-Neiges
10. Parc Summit
11. Oratoire Saint-Joseph
12. Université de Montréal
13. Place du 6-Décembre-1989
14. Centre commémoratif de l'Holocauste à Montréal

© ULYSSE

Une balade sur le mont Royal

L e mont Royal, surnommé ainsi par Jacques Cartier lorsqu'il le gravit en 1535, est un point de repère important dans le paysage montréalais, autour duquel gravitent les quartiers centraux de la ville. Appelée simplement «la montagne» par les citadins, cette masse trapue de 233 m de haut à son point culminant est en fait le «poumon vert» de Montréal. Elle est couverte d'arbres matures et apparaît à l'extrémité des rues du centre-ville, exerçant un effet bénéfique sur les Montréalais, qui ainsi ne perdent jamais totalement contact avec la nature.

La montagne comporte en réalité trois sommets: le premier est occupé par le parc du Mont-Royal, le second par le cimetière protestant Mont-Royal et le troisième par Westmount, ville autonome aux belles demeures de style anglais. À cela, il faut ajouter les cimetières catholique et juifs, qui forment avec le cimetière protestant la plus vaste nécropole du continent nord-américain.

Si vous êtes en voiture, prenez l'avenue du Mont-Royal vers l'ouest, puis la voie Camillien-Houde jusqu'au belvédère (stationnement sur votre gauche).

➲ L'itinéraire

Pour vous rendre au point de départ du circuit, prenez l'autobus 11 à la station de métro Mont-Royal, sur le Plateau Mont-Royal. Descendez au belvédère Camillien-Houde.

À découvrir

Du **belvédère Camillien-Houde** ★★ *(voie Camillien-Houde)*, un beau point d'observation, on embrasse du regard tout l'est de Montréal. On voit, à l'avant-plan, le quartier du Plateau Mont-Royal, avec sa masse uniforme de duplex et de triplex, percée en plusieurs endroits par les clochers de cuivre verdi des églises paroissiales, et, à l'arrière-plan, les quartiers de Rosemont et de Maisonneuve, dominés par le Stade olympique.

Une balade sur le mont Royal

Montez l'escalier de bois à l'extrémité sud du stationnement de l'observatoire, puis empruntez le chemin Olmsted, qui conduit au Chalet du mont Royal et au belvédère Kondiaronk. On passe alors devant la croix du mont Royal.

La **croix** du mont Royal, qui se dresse au bord du chemin Olmsted, fut installée en 1927 pour commémorer le geste posé par le fondateur de Montréal, Paul Chomedey, sieur de Maisonneuve, lorsqu'il gravit la montagne en janvier 1643 pour y planter une croix de bois en guise de remerciement à la Vierge pour avoir épargné le fort Ville-Marie d'une inondation dévastatrice.

Le **parc du Mont-Royal** ★★★ *(www. lemontroyal.qc.ca)* a été créé par la Ville de Montréal en 1870 à la suite des pressions des résidants du Golden Square Mile qui voyaient leur terrain de jeu favori déboisé par divers exploitants de bois de chauffage. Frederick Law Olmsted (1822-1903), le célèbre créateur du Central Park à New York, fut mandaté pour aménager les lieux. Il prit le parti de conserver au site son caractère naturel, se limitant à quelques points d'observation reliés par des sentiers en tire-bouchon. Inauguré en 1876, ce parc de 101 ha, concentré dans la portion sud de la montagne, est toujours un endroit de promenade apprécié par les Montréalais. Depuis 2003, le mont Royal, avec ses trois sommets, est dorénavant protégé par le gouvernement du Québec en tant qu'arrondissement historique et naturel.

Le **Chalet du mont Royal** ★★★ *(lun-sam 10h30 à 20h; parc du Mt-Royal,* ☎ *514-872-3911)*, au centre du parc, fut conçu par Aristide Beaugrand-Champagne en 1932 en remplacement de l'ancien qui menaçait ruine. Au cours des années 1930 et 1940, les big bands donnaient des concerts à la belle étoile sur les marches de l'édifice. L'intérieur est décoré de 17 toiles marouflées représentant des scènes de l'histoire du Canada et commandées à de grands peintres québécois, comme Marc-Aurèle Fortin et Paul-Émile Borduas. Le Chalet a fait l'objet d'une importante rénovation en 2003, et les tableaux ont été restaurés.

Mais si l'on se rend au Chalet du mont Royal, c'est d'abord pour la traditionnelle vue sur le centre-ville depuis le **belvédère Kondiaronk** (du nom du grand chef huron-wendat qui a négocié le traité de la Grande Paix en 1701), admirable en fin d'après-midi et en soirée, alors que les gratte-ciel s'illuminent.

Empruntez la route de gravier qui conduit au stationnement du Chalet et à la voie Camillien-Houde. Sur la droite se trouve une des entrées du cimetière Mont-Royal.

Le **cimetière protestant Mont-Royal** ★★ *(voie Camillien-Houde; www.mountroyal-cem.com; autobus 11)* fait partie des plus beaux sites de la ville. Conçu comme un éden pour ceux qui rendent visite à leurs défunts, il est aménagé

Une balade sur le mont Royal

Les Tam-Tams

Sur le flanc du mont Royal qui donne sur l'avenue du Parc, les dimanches après-midi de la belle saison sont marqués depuis plusieurs années par un événement spontané haut en couleur, une fête qu'on appelle tout simplement les «Tam-Tams». Une foule de jeunes et moins jeunes s'y rassemble, quand il fait beau temps, dans une ambiance très *Peace and Love*.

Plusieurs percussionnistes prennent alors d'assaut le socle de l'immense monument à Sir George-Étienne Cartier – l'un des pères de la Confédération – et improvisent l'après-midi durant des airs de plus en plus entraînants. Puis des danseurs, tout aussi improvisés, suivent le rythme endiablé des tambours africains et autres congas, tandis qu'une foule joyeuse les observe en pique-niquant ou en prenant du soleil sur l'herbe.

tel un jardin anglais dans une vallée isolée, donnant l'impression d'être à mille lieues de la ville, alors qu'on est en fait en son centre. On y retrouve une grande variété d'arbres fruitiers, sur les branches desquels viennent se percher des espèces d'oiseaux absentes des autres régions du Québec. Le cimetière, créé par les églises anglicane, presbytérienne, méthodiste, unitarienne et baptiste, a ouvert ses portes en 1852. Certains de ses monuments sont de véritables œuvres d'art créées par des artistes de renom. Parmi les personnalités et les familles qui y sont inhumées, il faut mentionner l'armateur Sir Hugh Allan, les brasseurs Molson, qui possèdent le plus imposant mausolée, ainsi qu'Anna Leonowens, gouvernante du roi de Siam au XIXe

siècle, qui a inspiré les créateurs de la pièce *The King and I* (Le roi et moi).

En route vers le lac aux Castors, on remarquera la seule des anciennes maisons de ferme de la montagne qui subsiste encore: la **Maison Smith** *(1620 ch. Remembrance,* ☎ *514-843-8240, www.lemontroyal.qc.ca)*, quartier général des Amis de la montagne, organisme qui propose toutes sortes d'expositions et d'activités en collaboration avec le Centre de la montagne. La Maison Smith propose également une exposition permanente sur le mont Royal et renferme le Café Smith, un petit resto.

Le petit **lac aux Castors** *(en bordure du chemin Remembrance)* a été aménagé en 1958 sur le site des marécages se

Une balade sur le mont Royal

trouvant autrefois à cet endroit. En hiver, il se transforme en une agréable patinoire. Ce secteur du parc, aménagé de manière plus conventionnelle, comprend en outre des pelouses et un jardin de sculptures, contrevenant ainsi aux directives d'Olmsted le puriste.

 Empruntez le sentier qui mène au chemin Remembrance, à l'entrée du cimetière Notre-Dame-des-Neiges.

Le **cimetière Notre-Dame-des-Neiges** ★★ *(ch. Remembrance, www.cimetierenddn. org; autobus 11)* est une véritable cité des morts, puisque plus de 800 000 personnes y ont été inhumées depuis 1855, date de son inauguration. Il succède au cimetière qui occupait le square Dominion, maintenant square Dorchester, jugé trop étroit. Contrairement au cimetière protestant, il présente des attributs à caractère éminemment religieux, qui identifient clairement son appartenance au catholicisme. Ainsi, deux anges du paradis encadrant un crucifix accueillent les visiteurs à l'entrée principale, sur le chemin de la Côte-des-Neiges.

Les «deux solitudes» (les peuples d'origines française catholique et anglo-saxonne protestante du Canada) demeurent donc isolées jusque dans la mort. Le cimetière peut être visité tel un *Who's Who* des personnalités du monde des affaires, des arts, de la politique et de la science au Québec. Un obélisque à la mémoire des Patriotes des rébellions de 1837-1838 et plusieurs monuments réalisés par des sculpteurs de renom parsèment les 55 km de routes et de sentiers qui sillonnent les lieux. Du cimetière et des chemins qui y conduisent,

on jouit de plusieurs points de vue sur l'oratoire Saint-Joseph.

 En sortant du cimetière par le chemin Remembrance, prenez l'autobus 11 en direction de l'oratoire Saint-Joseph.

Vous croiserez sur votre route le **parc Summit** *(Summit Circle; métro Côte-des-Neiges)*, véritable forêt urbaine et sanctuaire d'oiseaux. Il s'agit du plus grand parc urbain de Westmount. On y a de son **belvédère** une vue imprenable sur Montréal, plus belle, dit-on, au coucher du soleil que celle offerte par le célèbre belvédère Kondiaronk du Chalet du mont Royal!

L'**oratoire Saint-Joseph** ★★ *(entrée libre; tlj 7h à 20h30, messe tlj, crèche de Noël de nov à mars; 3800 ch. Queen Mary, ☎514-733-8211, www.saint-joseph.org; métro*

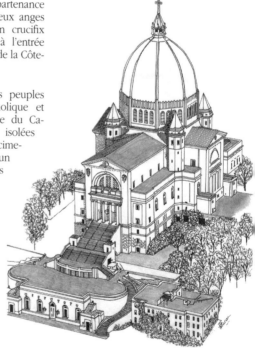

Côte-des-Neiges), coiffé d'un dôme en cuivre, le second en importance au monde après celui de Saint-Pierre-de-Rome, est érigé à flanc de colline, ce qui accentue encore davantage son caractère mystique. De la grille d'entrée, il faut gravir plus de 300 marches pour atteindre la basilique. L'oratoire a été aménagé entre 1924 et 1967 à l'instigation du bienheureux frère André, de la Congrégation de Sainte-Croix, portier du collège Notre-Dame (situé en face) à qui l'on attribue de nombreux miracles. Ce véritable complexe religieux est donc à la fois dédié à saint Joseph et à son humble créateur. Il comprend la basilique inférieure, la crypte du frère André et la basilique supérieure, ainsi qu'un musée. La première chapelle du petit portier, aménagée en 1904, une cafétéria et un magasin d'articles de piété complètent les installations.

L'oratoire est un des principaux lieux de dévotion et de pèlerinage en Amérique. Il accueille chaque année quelque deux millions de visiteurs. L'enveloppe extérieure de l'édifice fut réalisée dans le style néoclassique selon les plans des architectes Dalbé Viau et Alphonse Venne, mais l'intérieur est avant tout une œuvre moderne de Lucien Parent et du bénédictin français dom Paul Bellot, à qui l'on doit notamment l'abbaye de Saint-Benoît-

du-Lac, dans les Cantons-de-l'Est. Il ne faut pas manquer de voir dans la basilique supérieure les vitraux de Marius Plamondon, l'autel et le crucifix d'Henri Charlier, ainsi que l'étonnante chapelle dorée, à l'arrière. La basilique est dotée d'un imposant orgue du facteur Beckerath que l'on peut entendre tous les mercredis soir durant l'été. À l'extérieur, on peut aussi voir le carillon de la Maison Paccard et Frères, d'abord destiné à la tour Eiffel, et le beau chemin de croix dans les jardins à flanc de montagne, réalisé par Louis Parent et Ercolo Barbieri. L'observatoire de l'oratoire Saint-Joseph, d'où l'on embrasse du regard l'ensemble de Montréal, est le point culminant de l'île à 263 m de hauteur.

Le site de l'oratoire Saint-Joseph est actuellement l'objet d'un grand projet de restauration de 45 millions de dollars. Les travaux consistent essentiellement à en réaménager les aires et les axes de circulation et à construire un nouveau pavillon d'accueil. Le projet prévoit plusieurs travaux de rénovation et l'aménagement d'ascenseurs et d'escaliers mobiles facilitant le déplacement et la sécurité des visiteurs. La réception est maintenant située au Pavillon des pèlerins en face de la boutique. Le bureau général a été déplacé dans l'entrée qui mène à la chapelle votive. Depuis le mois de mai 2003, c'est à cet endroit que les pèlerins font bénir leurs objets de piété.

 L'accès à l'attrait suivant est assez éloigné du trajet suivi, aussi une visite du site constitue-t-elle une excursion supplémentaire à laquelle il faut consacrer environ une heure.

Une succursale de l'Université Laval de Québec ouvre ses portes dans le Château Ramezay en 1876, après bien des démarches entravées par la maison mère, qui voulait garder le monopole de l'éducation universitaire en français à Québec. Quelques années plus tard, elle emménage rue Saint-Denis,

Une balade sur le mont Royal

donnant ainsi naissance au Quartier latin. L'**Université de Montréal** ★ *(2900 boul. Édouard-Montpetit, www.umontreal. ca; métro Université-de-Montréal)* obtient finalement son autonomie en 1920, ce qui permet à ses directeurs d'élaborer des projets grandioses. Ernest Cormier (1885-1980) est approché pour la réalisation d'un campus sur le flanc nord du mont Royal. Cet architecte, diplômé de l'École des beaux-arts de Paris, fut un des premiers à introduire l'Art déco en Amérique du Nord.

Les plans du pavillon central évoluent vers une structure Art déco épurée et symétrique, revêtue de briques jaune clair et dotée d'une tour centrale, visible depuis le chemin Remembrance et le cimetière Notre-Dame-des-Neiges. La construction, amorcée en 1929, est interrompue par la crise américaine, et ce n'est qu'en 1943 que le pavillon central, sur la montagne, accueille ses premiers étudiants. Depuis, une pléiade de pavillons se sont joints à celui-ci, faisant de l'Université de Montréal la seconde université de langue française en importance au monde, avec près de 55 000 étudiants.

L'Université de Montréal, plus spécifiquement l'École polytechnique, qui se trouve aussi sur le flanc du mont Royal, a été le témoin d'un événement tragique qui a marqué la ville et tout le Canada. Le 6 décembre 1989, 13 étudiantes et une employée ont été froidement assassinées dans l'enceinte même de l'école. Afin de conserver vivant le souvenir de ces femmes et de toutes les femmes victimes de violence, on a inauguré le 6 décembre 1999 la **place du 6-Décembre-1989** *(angle Decelles et Queen Mary)*. L'artiste Rose-Marie Goulet y a érigé la *Nef pour quatorze reines*, sur laquelle sont gravés les noms des victimes de «Polytechnique».

 Vous pouvez reprendre le métro à la station Côte-des-Neiges, près de l'intersection de l'avenue Lacombe et du chemin de la Côte-des-Neiges.

Également hors circuit, mais facilement accessible par métro, se trouve le **Centre commémoratif de l'Holocauste à Montréal** *(entrée libre; lun, mar et jeu 10h à 17h, mer 10h à 21h, ven 10h à 15h, dim 10h à 16h; 5151 ch. de la Côte-Ste-Catherine, ☎514-345-2605, www.mhmc.ca; métro Côte-Ste-Catherine, autobus 129)*. Musée d'histoire, le Centre commémoratif de l'Holocauste à Montréal présente entre autres des films et des photographies ainsi que des souvenirs et des archives reliés à l'Holocauste.

Une balade sur le mont Royal

Le Centre-du-Québec

S ituée à mi-chemin entre Québec et Montréal, cette région embrasse les trois formations morphologiques du territoire québécois: le Bouclier canadien, la plaine du Saint-Laurent et la chaîne des Appalaches.

Sur la rive sud du fleuve Saint-Laurent s'étendent des zones rurales ouvertes très tôt à la colonisation et dont le territoire conserve toujours le lotissement hérité de l'époque seigneuriale. L'extrême sud de cette région présente des paysages légèrement vallonnés qui annoncent le début de la chaîne des Appalaches.

➡ L'itinéraire

Le circuit proposé se concentre dans la plaine du Saint-Laurent, où se trouvent les principales villes du Centre-du-Québec. De Montréal ou de Québec, empruntez l'autoroute Félix-Leclerc (40) puis l'autoroute 55 Sud. Traversez le pont Laviolette à Trois-Rivières.

Ce pont, inauguré en 1967, est le seul à relier les rives sud et nord du Saint-Laurent entre Montréal et Québec. Au-delà du pont, empruntez la route 132 Est jusqu'à Deschaillons-sur-Saint-Laurent. De là, vous vous dirigerez vers Plessisville par la route 265, puis vers Victoriaville par la route 116. Par la suite, la route 122 Ouest vous conduira jusqu'à Drummondville. Vous bouclerez la boucle en empruntant successivement les routes 255, 226 et 132. Notez que cette région est également facilement accessible par l'autoroute 20.

À découvrir

Peuplée d'un mélange de colons français, acadiens, loyalistes américains et britanniques, la région du Centre-du-Québec, anciennement désignée du nom des «Bois-Francs», a connu un développement lent avant le milieu du XIXe siècle, alors que s'est amorcée une phase d'industrialisation qui n'a jamais connu de ralentissement depuis, à la suite de l'établissement du chemin de fer du Grand Tronc, dont l'emprise sert aujourd'hui de piste cyclable. Au cours des dernières années, on y a en effet construit certaines des

Le Centre-du-Québec

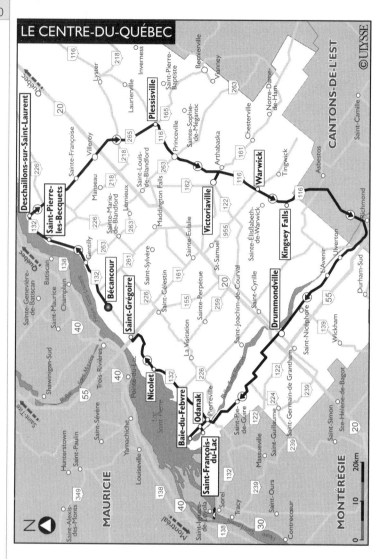

LE CENTRE-DU-QUÉBEC

©ULYSSE

Le Centre-du-Québec

usines les plus vastes et les plus modernes du Canada.

Bécancour

Bécancour, une municipalité très étendue, fut créée en 1965 par le regroupement de 11 villages beaucoup plus anciens s'étendant de Saint-Grégoire, à l'ouest, jusqu'à Gentilly inclusivement, à l'est. Son nom rappelle la mémoire de Pierre Robineau de Bécancour, qui, de 1684 à 1755, fut seigneur des lieux. On trouve à Bécancour un parc industriel réputé où sont notamment regroupées l'aluminerie de Bécancour et la centrale nucléaire Gentilly, seule de ce type au Québec.

Le **Moulin Michel** ★ *(5$; mi-mai à fin juin et sept à mi-oct sam-dim 12h à 17h, fin juin à début sept tlj 10h à 17h; 675 boul. Bécancour,* ☎*819-298-2882)* est l'un des très rares moulins à eau du Régime français à avoir survécu. Érigé en 1739 pour les censitaires de la seigneurie de Gentilly, il a fonctionné pendant plus de 200 ans. Son mécanisme est encore en place et est expliqué pendant les visites guidées organisées par la Société des Amis du Moulin Michel. Le moulin sert aujourd'hui de centre culturel et de centre d'interprétation portant sur les us et coutumes des gens de la région.

Construite entre 1845 et 1857, l'**église Saint-Édouard** ★ *(1920 boul. Bécancour)* illustre la persistance des modes de construction et de décoration développés au début du XIXᵉ siècle par la famille Baillairgé de Québec. Hormis la façade, refaite en 1907, le reste de l'édifice a conservé son aspect originel. Le décor intérieur est rehaussé de bas-reliefs en bois et de toiles du peintre Eugène Hamel.

La **centrale nucléaire Gentilly 2** *(4900 boul. Bécancour)* est la seule centrale nucléaire en exploitation au Québec. Elle est équipée d'un réacteur utilisant de l'eau lourde comme modérateur et de l'uranium naturel comme combus- tible. La centrale n'est plus ouverte au public.

Le **Centre de la biodiversité du Québec** *(8$; début mai à fin oct tlj 10h à 17h; 1800 av. des Jasmins, Ste-Angèle de Laval,* ☎*819-222-5665 ou 866-522-5665, www.bio-diversite.net)* explique aux visiteurs la diversité biologique québécoise par le biais d'expositions. Laboratoire naturel en plein air, sentiers pédestres sillonnant huit écosystèmes, jardins thématiques, salle d'audiovisuel et boutique de cadeaux vous y attendent.

La **Fromagerie L'Ancêtre** *(1615 boul. Port-Royal,* ☎*819-233-9157, www.fromagerieancetre.com),* à la fois boutique et restaurant, vous propose de délicieux produits laitiers maison, entre autres trois sortes de fromages, du beurre et de la crème glacée. Tous fabriqués selon des procédés biologiques, les produits vous sont servis en dégustation accompagnés de vins ou de bières artisanales.

Saint-Pierre-les-Becquets
★

Ce charmant village, juché sur une falaise dominant le fleuve Saint-Laurent, était autrefois le chef-lieu de la seigneurie Levrard-Becquet, concédée

Le sirop d'érable

Lors de l'arrivée des premiers colons en Amérique, la tradition du sirop d'érable était bien établie à travers les différentes cultures indigènes. D'ailleurs, une légende iroquoise décrit la genèse du doux sirop.

Woksis, le Grand Chef, partait chasser un matin de printemps. Il prit donc son tomahawk à même l'arbre où il l'avait planté la veille. La nuit avait été froide, mais la journée s'annonçait douce. Ainsi, de la fente faite dans l'arbre, un érable, se mit à couler de la sève. La sève coula dans un seau qui, par hasard, se trouvait sous le trou. À l'heure de préparer le repas du soir, la squaw de Woksis eut besoin d'eau. Elle vit le seau rempli de sève et pensa que cela lui éviterait un voyage à la rivière. Elle était une femme intelligente et consciencieuse qui méprisait le gaspillage. Elle goûta l'eau et la trouva un peu sucrée, mais tout de même bonne. Elle l'utilisa pour préparer son repas. À son retour, Woksis sentit l'arôme sucré de l'érable et sut de très loin que quelque chose de spécialement bon était en train de cuire. La sève était devenue un sirop et rendit leur repas exquis.

Les Amérindiens n'avaient cependant pas les matériaux nécessaires pour chauffer un chaudron à très haute température. Ils utilisaient donc des pierres chauffées qu'ils lançaient dans l'eau pour la faire bouillir. Une autre méthode consistait à laisser l'eau d'érable geler la nuit et ensuite à enlever la couche de glace le lendemain; et ainsi de suite, jusqu'à ce qu'il ne reste qu'un épais sirop. Pour les Amérindiens, le sirop d'érable constituait un élément marquant de leur alimentation, de leur culture et de leur religion.

Le Centre-du-Québec

en 1672. Le **manoir seigneurial** *(on ne visite pas)*, construit en 1792, subsiste au numéro 171 de la rue Marie-Victorin.

Vous pouvez faire un petit crochet par Deschaillons-sur-Saint-Laurent avant de reprendre le circuit.

Deschaillons-sur-Saint-Laurent

Le long de la route 132, la municipalité de Deschaillons-sur-Saint-Laurent surplombe le fleuve Saint-Laurent

du haut de falaises élevées. Témoins d'une autre époque, les maisons ancestrales se dressent fièrement au cœur du village.

Prenez à droite la route 265 Sud qui pénètre à l'intérieur des terres.

Plessisville

En quittant le territoire des anciennes seigneuries, on pénètre dans celui des premiers «cantons de l'Est», qui ont constitué la nouvelle façon d'octroyer les terres après la Conquête. C'est une région à la fois agricole (laitière) et industrielle où les petites et moyennes entreprises (PME) sont reines. Plessisville, entourée d'érablières, est surtout reconnue pour ses produits de l'érable et dispute d'ailleurs à la Beauce son statut de capitale mondiale de l'érable.

Au numéro 1353 de la rue Saint-Calixte, on remarque une imposante demeure de style Second Empire érigée en 1885 pour le commerçant Charles Cormier, ami de Sir Wilfrid Laurier, devenu sénateur et conseiller législatif.

 Le **Festival de l'érable de Plessisville** *(www.festivaldelerable. com)* se tient tous les ans en avril ou au début de mai. Il est l'occasion de se sucrer le bec et de vérifier que les produits de l'érable sont une véritable industrie (concours de qualité de sirop).

La route 116 contourne Plessisville. Empruntez-la vers l'ouest en direction de Princeville et de Victoriaville.

Victoriaville

Cœur de l'économie du Centre-du-Québec, Victoriaville doit son développement à l'essor des industries du bois et du métal.

Arthabaska ★ constitue la partie sud de Victoriaville. Son nom d'origine amérindienne signifie «là où il y a des joncs et des roseaux». Plusieurs personnalités québécoises qui se sont illustrées en politique ou dans le monde des arts sont originaires d'Arthabaska, ou y ont vécu, donnant le ton au secteur qui a toujours arboré une architecture soignée, marquée par les modes américaines et européennes. Arthabaska est en effet renommée pour ses belles demeures victoriennes, plus particulièrement celles qui bordent la rue Laurier Ouest. Supplantée par Victoriaville au début du XXe siècle, Arthabaska a su conserver en partie son charme de la Belle Époque.

Maison Suzor-Coté *(on ne visite pas; 846 boul. des Bois-Francs S.).* Le peintre paysagiste Marc-Aurèle de Foy Suzor-Coté, décédé en 1937, est né en 1869 dans cette humble maison, bâtie par son père 10 ans plus tôt. L'artiste, qui figure parmi les principaux peintres

canadiens, a amorcé sa carrière par la décoration d'églises, entre autres celle d'Arthabaska. En 1891, il part pour Paris, où il étudie à l'École des beaux-arts. Premier Prix des académies Julian et Colarossi, il travaille à Paris avant de s'installer à Montréal en 1907. Mais à partir de cette date, il revient chaque année à Arthabaska, dans la maison paternelle, qu'il transforme graduellement en studio. Ses scènes d'hiver impressionnistes et ses couchers de soleil rouges par temps chaud de juillet sont bien connus. La maison est toujours une résidence privée.

L'imposant édifice que l'on aperçoit ensuite au numéro 905 est le **collège d'Arthabaska** des frères du Sacré-Cœur, qui se compose de trois sections disparates.

 Tournez à droite dans la rue Laurier Ouest (route 161).

Le **Lieu historique national de la Maison Wilfrid-Laurier** ★ *(5$; juil et août lun-ven 10h à 17h, sam-dim 13h à 17h; sept à fin déc et mi-mars à juin mar-ven 10h à 12h et 13h à 17h, sam-dim 13h à 17h; 16 rue Laurier O.,* ☎*819-357-8655, www.museelaurier.com)* est installé dans l'ancienne demeure de celui qui fut premier ministre du Canada de 1896 à 1911. Premier Canadien français à occuper ce poste, Sir Wilfrid Laurier (1841-1919) est né à Saint-Lin, dans les Basses-Laurentides, mais s'est établi à Arthabaska aussitôt ses études de droit terminées. Sa maison d'Arthabaska fut convertie en musée à caractère politique par deux admirateurs québécois dès 1929. Les pièces du rez-de-chaussée ont conservé leur mobilier victorien d'origine, alors que l'étage est en partie réservé à des expositions temporaires, en général fort intéressantes. Des toiles et des sculptures d'artistes québécois encouragés par le couple Laurier sont disséminées dans la maison. On remarquera notamment le portrait de Lady Laurier de Suzor-Coté et le buste de Sir Wilfrid Laurier par Alfred Laliberté.

L'**église Saint-Christophe** ★ *(40 rue Laurier O.,* ☎*819-357-2376)* fut construite en 1871 selon les plans de l'architecte Joseph-Ferdinand Peachy de Québec. Elle est surtout appréciée pour son intérieur polychrome, complété par les architectes Perrault et Mesnard en 1887, et décoré par les peintres Marc-Aurèle de Foy Suzor-Coté et J. O. Rousseau de Saint-Hyacinthe. L'église a été classée monument historique en 2001.

 Poursuivez par l'avenue Laurier et prenez l'avenue Pie-X à droite.

Peu d'écoles de rang du Québec ont survécu en aussi bon état. La **maison d'école du rang Cinq-Chicots** *(3$; fin juin à début sept mar-ven 9h à 12h et 13h à 17h, sam-dim 13h30 à 15h; 416 av. Pie-X, St-Christophe-d'Arthabaska,* ☎*819-752-9412)* a été rachetée par l'Association québécoise des amateurs d'antiquités. La visite de l'école et ses objets permettent de comprendre ce que représentait l'apprentissage scolaire à la campagne au début du XXe siècle.

 Revenez au boulevard des Bois-Francs Sud. Tournez à droite pour accéder au mont Arthabaska.

L'observatoire aménagé au sommet de cette colline permet d'embrasser

Alphonse-Letarte *(151 rue St-Louis)*, érigée en 1908, et la maison située au numéro 33 de la rue Saint-Joseph, qui serait tirée d'un catalogue de plans des grands magasins Eaton.

Kingsey Falls

Le nom de la municipalité révèle la présence, à cet endroit, d'une chute de la rivière Nicolet. Cette cataracte a permis aux premiers colons britanniques, arrivés peu après 1800, d'y exploiter des moulins à farine et à papier. De nos jours, le village est le siège de l'empire Cascades, un géant du papier qui possède plusieurs usines à travers le monde. Kingsey Falls, tout comme sa voisine Warwick, se targue d'être la ville la plus fleurie du Québec, prenant modèle sur un de ses plus illustres citoyens, Conrad Kirouac, mieux connu sous le nom de «frère Marie-Victorin». L'auteur de *La flore laurentienne* et fondateur du Jardin botanique de Montréal est en effet né en 1885 dans la maison située au numéro 405 de la rue dénommée aujourd'hui «Marie-Victorin» en son hommage *(on ne visite pas)*.

Le **Parc Marie-Victorin** *(8$ ou 12$ selon le forfait; fin mai à mi-oct tlj 9h30 à 18h; 385 boul. Marie-Victorin, ☎819-363-2528 ou 888-753-7272, www.parcmarievictorin. com)* fut inauguré en 1985 par l'entreprise Cascades pour commémorer le centenaire et l'œuvre du frère Marie-Victorin. Cinq jardins thématiques (le jardin des cascades, le jardin des oiseaux, le jardin des plantes utiles, le jardin des découvertes et les milieux humides) sont aménagés sur un terrain d'environ 12 ha, et plusieurs mosaïques géantes parsèment les quelque 3 km de sentiers. La visite du complexe industriel de Cascades et des procédés de recyclage en industrie boucle la visite guidée.

 Reprenez la route 116 jusqu'à Richmond. Prenez la route 143 Nord à

du regard l'ensemble de la région, au relief peu prononcé. Le **mont Arthabaska** *(à l'extrémité du boulevard des Bois-Francs Sud)* est dominé par une croix lumineuse haute de 24 m érigée en 1928. Autour de l'observatoire partent des sentiers conduisant à des aires de pique-nique.

 Retournez à la rue Laurier, que vous prendrez vers l'est sur environ 6 km.

Le **moulin La Pierre** *(3,50$; visite sur réservation, pour les groupes uniquement; 99 ch. Laurier, St-Norbert-d'Arthabaska, ☎819-369-9639)* est l'un des rares moulins à eau encore en fonction au Québec. Il fut érigé en 1845. Les samedis et dimanches après-midi, on offre des visites guidées de ce moulin qui utilise encore des méthodes artisanales pour fabriquer la farine. On peut d'ailleurs s'y procurer cette farine.

Remontez vers Victoriaville. Empruntez la route 122 Ouest en direction de Drummondville. Une excursion facultative permet cependant de vous rapprocher des Cantons-de-l'Est. Empruntez alors la route 116 en direction de Warwick et de Kingsey Falls.

Warwick

On trouve à Warwick certaines maisons rappelant l'architecture de la classe moyenne américaine du début du XXᵉ siècle, notamment la **maison**

Le Centre-du-Québec

droite pour rejoindre Drummond-ville.

Drummondville

Drummondville a été fondée par Frederick George Heriot à la suite de la guerre canado-américaine de 1812. D'abord poste militaire sur la rivière Saint-François, la colonie devient rapidement un centre industriel important grâce à l'implantation de moulins et de manufactures dans ses environs.

 Tournez à droite dans la rue Saint-Georges (route 122).

Le **Village Québécois d'Antan** ★ ★ *(17,95$; début juin à début sept tlj 10h à 17h30, sept ven-dim 10h à 17h30; 1425 rue Montplaisir,* ☎*819-478-1441 ou 877-710-0267, www.villagequebecois.com)* retrace 100 ans d'histoire. Quelque 70 bâtiments de l'époque de la colonisation ont été reconstitués dans le but de recréer une atmosphère digne des années 1810-1910. Des artisans en costumes d'époque s'affairent à la fabrication de chandelles et de ceintures fléchées ou à la cuisson du pain. Plusieurs productions historiques y ont été tournées.

 Longez la rive est de la rivière Saint-François en direction de Saint-Joachim-de-Courval. Traversez d'abord la partie est du Centre éducatif forestier de La Plaine avant d'accéder au village même. Poursuivez en direction de Pierreville, à proximité de laquelle se trouve la réserve amérindienne d'Odanak.

Odanak

Le **Musée des Abénakis** ★ *(5,50$; sept et oct lun-ven 10h à 17h, sam-dim 13h à 17h, nov à avr lun-ven 10h à 12h et*

13h à 17h, mai à août tlj 10h à 17h; 108 Waban-Aki, ☎450-568-2600, www.musee-desabenakis.ca), fondé en 1962, permet de découvrir la culture des Abénaquis. Une exposition permanente relate la vie ancestrale de cette première nation du Québec et ses relations avec les colons français. Les animateurs du musée s'efforcent de faire revivre la culture de ces Autochtones au travers des chants, des danses et des légendes traditionnelles. Il faut aussi voir l'**église du village**, décorée de sculptures autochtones.

Saint-François-du-Lac

Premier noyau de peuplement de la rive sud du lac Saint-Pierre, Saint-François-du-Lac est situé en face d'Odanak, soit sur la rive ouest de la rivière Saint-François. En 1849, on entreprend la construction de l'**église Saint-François-Xavier** *(438 rue Notre-Dame)* selon les plans de Thomas Baillairgé. On remarquera, à l'intérieur, de belles toiles anonymes du XVIIIᵉ siècle provenant de France.

 Revenez sur la rive est de la rivière Saint-François.

Une excursion au nord-ouest d'Odanak, à **Notre-Dame-de-Pierreville**, permet de découvrir un véritable village de pêcheurs en plein centre du Québec. Le lac Saint-Pierre, dont on se rapproche sans vraiment le voir, est en effet suffisamment vaste pour justifier une

Nicolet

On trouve, dans la vallée du fleuve Saint-Laurent, quelques villes et villages fondés par des Acadiens réfugiés au Québec à la suite de la déportation des colons français de l'Acadie par l'armée britannique en 1755. Nicolet a constitué l'un de ces refuges.

La **cathédrale de Nicolet** ★ *(tlj 9h à 16h30, mai à sept visites guidées sur réservationi; 671 boul. Louis-Fréchette,* ☎*819-293-5492)* remplace la cathédrale détruite lors du glissement de terrain de 1955. L'édifice a été dessiné par l'architecte Gérard Malouin en 1962. Ses formes ondoyantes, faites de béton armé, évoquent la voilure d'un navire. De l'intérieur, on peut mieux contempler l'immense verrière de Jean-Paul Charland qui recouvre la façade (21 m sur 50 m).

Aménagé dans un bâtiment moderne, le **Musée des religions** ★ *(6$; mai à oct tlj 10h à 17h, nov à avr mar-ven 10h à 16h30 sam-dim 13h à 17h; 900 boul. Louis-Fréchette,* ☎*819-293-6148, www.museedesreligions.qc.ca)* présente des expositions thématiques sur les différentes traditions religieuses à travers le monde.

L'**ancien séminaire** ★ *(350 rue D'Youville)* fut fondé dès 1803 à l'instigation de l'évêque de Québec, qui désirait que les futurs prêtres puissent être formés loin des tentations de la grande ville. Le séminaire de Nicolet occupait le troisième rang au Québec par son ancienneté. Ce fut également pendant longtemps l'un des plus prestigieux collèges d'enseignement supérieur. L'imposant édifice a été érigé selon les plans de Thomas Baillairgé entre 1827 et 1836. Fermé pendant la Révolution tranquille, il abrite de nos jours l'Institut de police du Québec.

Maison Rodolphe-Duguay *(3,50$; mi-mai à mi-oct mar-dim 10h à 17h; 195 rang St-Alexis, Nicolet-Sud,* ☎*819-293-4103, www.rodolpheduguay.com)*. Le peintre québécois Rodolphe Duguay (1891-

pêche de type commercial. Cet élargissement soudain du fleuve Saint-Laurent fait donc vivre une communauté de pêcheurs qui y a ouvert des poissonneries.

 Revenez vers Pierreville, où vous emprunterez la route 132 Est en direction de Baie-du-Febvre puis de Nicolet.

Baie-du-Febvre

Les **aires de repos de la sauvagine** ★ *(ch. de la Commune)* comptent parmi les plus importantes au Québec. Au printemps et en automne, profitez de la tour d'observation pour admirer les spectaculaires volées d'oiseaux.

Le **Centre d'interprétation de Baie-du-Febvre** *(6$; mars à nov tlj 10h à 17h; 420 route Marie-Victorin / route 132,* ☎*450-783-6996, www.oies.com)* explique aux visiteurs pourquoi la plaine inondable du lac Saint-Pierre est la plus importante halte migratoire de l'oie des neiges, et ce, par le biais d'une exposition permanente, de vivariums et d'une présentation vidéo. Expositions, sentiers pédestres, halte routière, tour d'observation et volière vous y attendent.

Le Centre-du-Québec

1973) affectionnait les paysages de sa région et les scènes du terroir, maintes fois représentés dans son œuvre, qui s'étale sur une période de 60 ans. D'abord inscrit aux cours d'art du Monument National, à Montréal, il traverse ensuite l'Atlantique pour se fixer à Paris, où il passera sept ans de sa vie. À son retour au Québec, il s'installe dans la demeure paternelle, qu'il habitera jusqu'à sa mort. En 1929, il érige un atelier attenant à la maison, dont l'intérieur rappelle étrangement son atelier parisien. Dans cette vaste pièce maintenant ouverte aux visiteurs, on présente une rétrospective de son œuvre.

 Poursuivez par la route 132 Est afin de boucler la boucle qui vous ramènera à Saint-Grégoire, aujourd'hui intégré à Bécancour.

- -

Saint-Grégoire

L'**église Saint-Grégoire** ★★ *(4200 boul. Port-Royal)* se trouve au centre de l'ancien village de Saint-Grégoire-de-Nicolet, fondé en 1757 par un groupe d'Acadiens originaires de Beaubassin. En 1803, les paroissiens entreprennent la construction de l'église actuelle. Deux architectes québécois célèbres laisseront par la suite leur marque sur l'édifice, Thomas Baillairgé d'abord, à qui l'on attribue la façade néoclassique ajoutée en 1851, et Victor Bourgeau, qui a refait les clochers avant de décorer la voûte de la nef. En 1811, la fabrique de Saint-Grégoire acquiert le précieux retable ainsi que le somptueux tabernacle de l'église des Récollets de Montréal.

Une croisière sur le Saguenay

Le «royaume du Saguenay», comme ses habitants le désignent souvent avec fierté, sans une once de modestie, est réparti de part et d'autre de la rivière Saguenay et de son fjord cyclopéen. Le territoire du Saguenay se compose avant tout de paysages grandioses, riches d'une faune et d'une flore exceptionnelles.

L'un des fjords les plus méridionaux du monde, la rivière Saguenay prend sa source dans le lac Saint-Jean, une véritable mer intérieure de plus de 35 km de diamètre. Ce formidable plan d'eau et cette imposante rivière constituent en quelque sorte le pivot d'une superbe région touristique.

Gagnant rapidement le fleuve Saint-Laurent, la rivière Saguenay traverse un paysage très accidenté où se dressent falaises et montagnes. En croisière ou à partir des rives, on peut y admirer un défilé de splendides panoramas à la beauté sauvage. Jusqu'à Chicoutimi, le Saguenay est navigable et subit le rythme perpétuel des marées. Sa riche faune marine comprend, en été, des mammifères marins de différentes espèces.

Le présent chapitre n'est pas un circuit classique mais vous propose plutôt différentes façons de découvrir le fjord du Saguenay, pour y observer la faune marine ou tout simplement pour apprécier ses paysages grandioses.

 L'itinéraire

De Québec, empruntez la route 138 Est jusqu'à Baie-Sainte-Catherine, où vous prendrez le traversier pour rejoindre Tadoussac. De là, la route 172, qui traverse Saint-Fulgence, permet d'explorer la rive nord du Saguenay. Pour vous rendre à L'Anse-Saint-Jean et à Saguenay (arrondissement de Chicoutimi), empruntez la route 170 à l'intersection avec la route 138 Est, à la hauteur de Saint-Siméon.

Une croisière sur le Saguenay

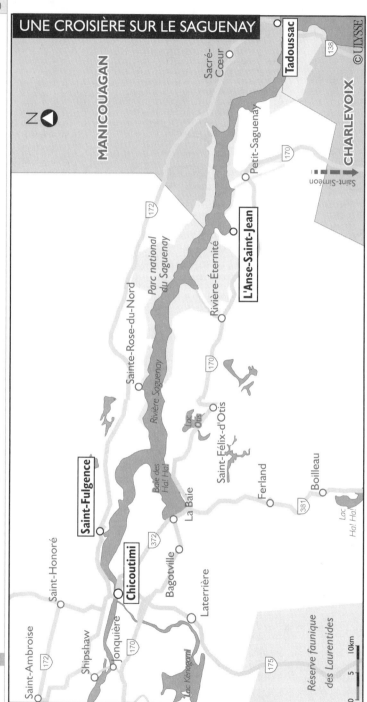

Une croisière sur le Saguenay

UNE CROISIÈRE SUR LE SAGUENAY

© ULYSSE

À découvrir

Tadoussac
★ ★

Le **parc national du Saguenay** ★ ★ ★ *(3,50$; secteur Baie-du-Moulin-à-Baude: Maison des Dunes, à l'extrémité du chemin du Moulin à Baude, Tadoussac; secteur Baie-Sainte-Marguerite: route 172 O. à partir de la route 138 E.; ☎800-665-6527, www.sepaq.com)* s'étend sur la rive gauche de la rivière du même nom, de Tadoussac jusqu'en face de la baie des Ha! Ha!, sur l'autre rive où s'étend le troisième secteur du parc: le secteur Baie-Éternité. Des sentiers de randonnée pédestre permettent de découvrir la végétation recouvrant ces abruptes falaises. On dénombre dans les secteurs de la rive gauche du Saguenay plusieurs sentiers, entre autres le sentier de la Colline de l'Anse à l'Eau et le sentier de la Pointe de l'Islet, qui offre une vue magnifique sur le fleuve Saint-Laurent.

Mais le plus remarquable des sentiers est sans aucun doute le **sentier du Fjord**. D'une longueur de 45 km et de niveau intermédiaire, il débute près de la baie de Sainte-Marguerite et offre une vue presque constante sur l'embouchure du Saguenay, les falaises, les caps, le fleuve et Tadoussac. On trouve un terrain de camping sauvage vers le neuvième kilomètre. Il est également possible de poursuivre la marche au-delà vers la Passe-Pierre, où est situé un autre terrain de camping, merveilleusement aménagé dans un lieu idyllique.

Le territoire du **parc marin national du Saguenay–Saint-Laurent** ★ ★ ★ *(Parcs Canada, 182 rue de l'Église, ☎418-235-4703 ou Sépaq ☎800-665-6527, www. parcmarin.qc.ca)*, entièrement constitué d'eau, couvre une large portion de l'estuaire du Saint-Laurent et la quasi-totalité du fjord du Saguenay. Il a été créé afin de protéger l'exceptionnelle vie aquatique qui y habite. Ce parc spécifique, créé selon des lois provinciale et fédérale, s'étend sur 1 138 km².

Le merveilleux fjord du Saguenay est l'un des fjords les plus méridionaux du monde. Creusé par les glaciers, il a une profondeur de 276 m près du cap Éternité (sur la rive droite du Saguenay) et de 10 m à peine à son embouchure. Cette configuration particulière, créée par l'amoncellement de matériaux charriés par les glaciers, a laissé un bassin où l'on retrouve la faune et la flore marines de l'Arctique. En effet, l'eau à la surface du Saguenay, dans les premiers 20 m, est douce et se trouve à une température variant entre 15 et 18°C, alors que l'eau en profondeur est salée et se maintient autour de 1,5°C. Ce milieu, reliquat de la mer de Goldthwait, a conservé ses habitants, comme le requin arctique ou le béluga, qu'on retrouve aussi beaucoup plus au nord dans l'Arctique.

En outre, grâce à une oxygénation constante, y prolifèrent une multitude d'organismes vivants dont se nourrissent plusieurs mammifères marins, comme le petit rorqual, le rorqual commun et le rorqual bleu. Ce dernier pouvant atteindre 30 m, il constitue le plus grand mammifère du monde. Dans le parc, on peut également apercevoir des phoques et parfois des dauphins.

Une croisière sur le Saguenay

Tadoussac et ses baleines

Si le fleuve Saint-Laurent coule des Grands Lacs vers l'Atlantique, des courants profonds font également le chemin inverse dans un secteur de l'estuaire. Ainsi, un couloir sous-marin qui se dessine depuis le golfe du Saint-Laurent longe la rive nord du fleuve et finit en cul-de-sac devant Tadoussac. Dans ce couloir dénommé le «chenal Laurentien», de l'eau froide et salée remonte le fleuve, transportant avec elle le plancton, qui, s'entassant à l'embouchure de la rivière Saguenay, devient un immense garde manger pour les baleines. C'est pourquoi Tadoussac est un port d'observation des baleines unique au monde.

Selon les scientifiques, le Saint-Laurent serait l'un des meilleurs endroits sur la planète pour observer les baleines. Vu les richesses du fleuve, 13 espèces, du petit marsouin commun au rorqual bleu géant, y ont chacune leur propre mode de vie. C'est aussi l'endroit le plus méridional au monde où l'on trouve le béluga.

Très tôt les pêcheurs venus d'Europe tirèrent parti de ces richesses marines. Certaines espèces telles que la baleine franche furent malheureusement trop chassées. Aujourd'hui, on peut s'aventurer sur le fleuve pour contempler de plus près ces impressionnants animaux. Toutefois, afin de les protéger de certains abus, des règles strictes ont été édictées, et les bateaux ne peuvent pas les approcher de trop près.

Au quai de la ville de Tadoussac, plusieurs entreprises organisent des excursions sur le fleuve.

Avec les **Croisières AML** *(55$; début mai à fin oct; 6 départs par jour, durée de 3 heures; 177 rue du Bord-de-l'Eau, départ du quai de Tadoussac ou de Baie-Sainte-Catherine, ☎418-692-1159 ou 800-563-4643, www.croisieresaml.com)*, on peut observer les baleines à partir de grands bateaux confortables pouvant accueillir jusqu'à 300 personnes ou d'embarcations pneumatiques très sécuritaires.

Une croisière sur le Saguenay

Le **Groupe Dufour** *(55$; mai à fin oct; 4 départs par jour, durée de 2 heures 30 min; 165 rue du Bord-de-l'Eau, ☎418-692-0222 ou 800-463-5250, www.dufour.ca)* propose des excursions commentées par des naturalistes à bord de monocoques ou d'embarcations plus sportives, de type Zodiac. Les croisières peuvent également se rendre jusqu'à Québec en catamaran par le fleuve Saint-Laurent.

À bord de canots pneumatiques de 8 m bien équipés, **Les Croisières Neptune** *(45$; mi-mai à mi-oct, 4 départs par jour, durée de 2 heures; 507 rue du Boisé, Les Bergeronnes, ☎232-6716, www.croisieresneptune.net)* transportent rapidement les amateurs de sensations fortes au cœur de la fosse marine où s'ébattent les mammifères marins.

Pour découvrir le fleuve et son littoral avec des gens fort sympathiques, pensez aux **Croisières du Grand Héron** *(40$; début juin à mi-oct, 6 départs par jour, durée de 2 heures 30 min; rue de la Marina, Portneuf-sur-Mer, ☎418-587-6006 ou 888-463-6006, www.baleinebleue.ca)*. Les activités suggérées ont pour thèmes la découverte de la mer, l'interprétation du littoral et l'observation des oiseaux et des mammifères marins. On peut y contempler la faune, par exemple les baleines bleues, à différentes heures du jour et de la nuit. On peut également assister aux levers et aux couchers de soleil sur le fleuve.

Les sorties nocturnes permettent notamment d'observer un phénomène naturel unique, la bioluminescence du plancton, soit son émission naturelle de lumière. Chaque mouvement de l'eau fait réagir les millions de planctons qui émettent une lumière presque phosphorescente. On assiste alors à un spectacle incroyable, distinguant même les bancs de poissons qui fuient devant le bateau!

Saint-Fulgence

À Saint-Fulgence, le **Parc Aventures Cap Jaseux** *(adultes 30$; durée de 3 heures; ch. de la Pointe-aux-Pins, ☎418-674-9114 ou 888-674-9114, www.capjaseux.com)* comporte une paroi rocheuse verticale qui surplombe la rivière Saguenay et son fjord. Vous pourrez la descendre à partir d'un belvédère situé 35 m plus haut. Cette descente en rappel de la paroi se veut spectaculaire, et le retour se fait par la *Via Ferrata*, une «voie ferrée» en paroi rocheuse.

Une croisière sur le Saguenay

L'Anse-Saint-Jean
★

Installé dans le joli petit village de L'Anse-Saint-Jean, au creux de la baie qui lui donne son nom, **Fjord en kayak** *(48$; fin mai à mi-oct, 3 départs par jour, durée de 3 heures; 359 rue Saint-Jean-Baptiste, ☎418-272-3024, www.fjord-en-kayak.ca)* organise des excursions en kayak sur le fjord, pour tous les goûts et tous les âges. Imaginez-vous tout petit dans votre embarcation sécuritaire, admirant ces falaises bombées se jeter dans l'eau de la rivière… Inoubliable!

Saguenay (arrondissement de Chicoutimi)
★

Les **Croisières La Marjolaine** *(40-45; début juin à début oct, 2 à 4 départs par jour, durée de 1 journée; boul. Saguenay E., port de Chicoutimi, ☎543-7630 ou 800-363-7248, www.croisieremarjolaine.com)* organisent des sorties en bateau sur le Saguenay. La promenade s'avère des plus agréables pour découvrir le spectacle fascinant du fjord. L'excursion part de Chicoutimi et va jusqu'à Sainte-Rose-du-Nord. Le retour se fait en autocar, sauf aux mois de juin et de septembre (l'aller et le retour se font alors en bateau). On peut également prendre le bateau à Sainte-Rose-du-Nord pour se rendre à Saguenay (arrondissement de Chicoutimi).

Une croisière sur le Saguenay

Une expédition à l'île d'Anticosti

Î le sauvage, encore en partie inexplorée, Anticosti borde les côtes de la Minganie, dans le golfe du Saint-Laurent. Terre de grands espaces et de nature sauvage, elle offre au visiteur la jouissance de son calme, la richesse de sa faune et de sa flore, ou la pratique de la chasse et de la pêche.

L'itinéraire

On accède à l'île d'Anticosti en empruntant la route 138 jusqu'à Sept-Îles, puis en montant à bord du cargo mixte **N/M Nordik Express** du **Relais Nordik** *(le tarif est déterminé selon la destination; avr à jan une fois par semaine; réservations requises; 149 rue Maltais, Sept-Îles,* ☎ *418-723-8787 ou 800-463-0680, www.relaisnordik.com)* qui dessert Port-Menier, unique village de peuplement de l'île.

À découvrir

La présence amérindienne sur l'île d'Anticosti remonte à la nuit des temps. Les Innus l'ont fréquentée de façon sporadique, le climat rigoureux de l'île ne leur permettant pas de s'y établir en permanence. Ce sont des pêcheurs basques de passage dans les eaux du golfe qui l'ont baptisée «Anti Costa» en 1542, ce qui signifie en quelque sorte «anti-côte» ou *«Non! Après tout ce chemin parcouru à travers l'Atlantique, ce n'est pas encore la terre ferme!»*.

En 1679, Louis Jolliet obtient l'île en concession du roi de France en guise de remerciement pour ses expéditions au centre du continent nord-américain.

Anticosti devient par la suite le domaine exclusif d'Henri Menier, magnat du chocolat en France au XIXe siècle. Le «baron Cacao» voit au développement de l'île en aménageant un premier village modèle à Baie-Sainte-Claire (aujourd'hui abandonné), puis un second à Port-Menier, qui constitue encore la principale agglomération de l'île.

En 1926, après une dizaine d'années difficiles dans l'industrie chocolatière, ses héritiers vendent Anticosti à un consortium de compagnies forestières canadiennes, appelé Wayagamack,

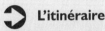

Une expédition à l'île d'Anticosti

UNE EXPÉDITION À L'ÎLE D'ANTICOSTI

© ULYSSE

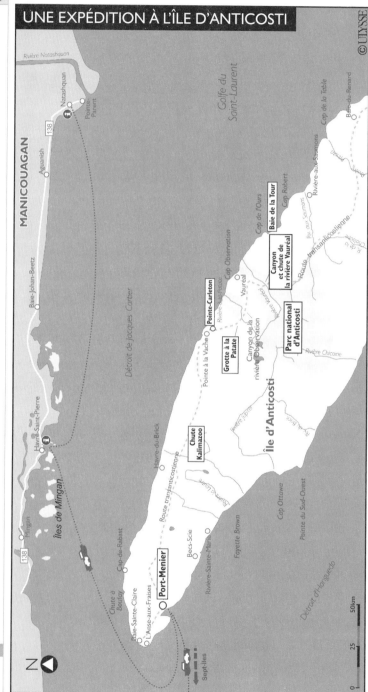

Chevreuil ou cerf de Virginie?

Quand les Français ont débarqué dans la *Prouvynce de Canada* il y a quelques siècles, ils se sont mépris sur l'aspect du cerf de Virginie qu'ils ont confondu avec le chevreuil d'Europe; aussi le mot «chevreuil» est-il devenu un régionalisme bien ancré dans la langue des Québécois. Par conséquent, il n'y a pas de chevreuils d'Europe au Québec... ni de cerfs de Virginie en France!

qui y poursuivront leurs opérations de coupe de bois jusqu'en 1974, date à laquelle l'île est cédée au gouvernement du Québec pour en faire une réserve faunique.

Port-Menier

Il s'agit du seul village habité de l'île. C'est ici qu'accoste le N/M *Nordik Express* du Relais Nordik une fois par semaine. La plupart des maisons ont été construites sous l'ère Menier, ce qui donne au village une certaine homogénéité architecturale.

Sur la route de Baie-Sainte-Claire, on aperçoit les fondations du **château Menier** (1899), qui se présentait comme une extravagante villa de bois apparentée au Shingle Style américain. Bâti à la fin du XIXᵉ siècle pour assurer un grand confort à son entourage, le château renfermait un vitrail en forme de fleur de lys, des antiquités norvégiennes, des tapis orientaux et de la fine porcelaine. Avec la vente de l'île en 1926, le mobilier fut réparti entre les nouveaux propriétaires, ou tout simplement vendu.

Malheureusement, en 1954, faute de pouvoir l'entretenir adéquatement, les villageois mettent le feu à la superbe demeure de Menier, réduisant en cendres ce morceau de patrimoine irremplaçable. À **Baie-Sainte-Claire,** on peut voir les restes d'un four à chaux érigé en 1897, seul vestige de ce village à l'existence éphémère.

À l'**Écomusée d'Anticosti** ★ *(entrée libre; fin juin à fin août tlj 8h à 17h;* ☎*418-535-0250 ou 535-0311),* on peut admirer des photographies prises à l'époque où Menier était propriétaire de l'île d'Anticosti.

Les **Artisans d'Anticosti** *(mi-juin à fin déc tlj 8h à 18h; 16 rue des Olympiades,* ☎*418-535-0270)* proposent une superbe sélection de produits artisanaux et de vêtements de cuir de chevreuil (cerf de Virginie) ainsi que des bijoux en bois de cerf. T-shirts et cartes géographiques.

Vingtième parc du réseau de Parcs Québec, le **parc national d'Anticosti** ★★ *(Sépaq Anticosti, information et réservation de forfaits:* ☎*418-535-0156, www.sepaq.com)* a été créé au centre de l'île d'Anticosti pour en protéger les plus beaux sites, entre autres le canyon de Vauréal, la grotte à la Patate, la baie de la Tour, le canyon de la rivière Observation, la rivière à saumons Jupiter et la rivière Chicotte. Plusieurs kilomètres de sentiers de randonnée sillonnent ce havre de verdure qui se prête bien à la marche, à la baignade ou à la pêche. L'île appartient au gouvernement du Québec depuis 1974, mais la randonnée pédestre récréative n'y est pratiquée que depuis 1986. Réputée pour ses cerfs de Virginie, elle offre également des panoramas à couper le souffle. En effet, plages immenses, chutes, grottes, escarpements

Une expédition à l'île d'Anticosti

et rivières composent son magnifique décor.

À 65 km de Port-Menier, vous trouverez la **chute Kalimazoo**. Un peu plus loin, vous arriverez à **Baie-MacDonald**, nommée en mémoire d'un pêcheur de la Nouvelle-Écosse, Peter MacDonald, qui y vécut en ermite plusieurs années. On raconte même qu'après avoir été malade, puis soigné à Baie-Sainte-Catherine, il fit près de 120 km en raquettes pour retourner chez lui. La baie MacDonald constitue un superbe site entouré d'une longue plage de sable fin.

Continuez par la route qui longe ces magnifiques plages, et vous croiserez plus loin la **pointe Carleton**, avec son phare datant de 1918. Non loin de la pointe, vous pourrez voir l'épave de cet ancien dragueur de mines que fut le *Wilcox*, échoué depuis juin 1954.

À quelque 12 km de la pointe Carleton, vous trouverez le chemin pour accéder à la **grotte à la Patate**. Si vous disposez d'un véhicule à quatre roues motrices, vous pourrez parcourir les 2 km suivants, mais vous devrez en faire deux autres à pied. Cette grotte, dont les galeries font près de 625 m de long, fut découverte en 1981 puis visitée par une équipe de géographes en 1982.

La **chute et le canyon de Vauréal** ★★ sont parmi les sites naturels les plus impressionnants de l'île d'Anticosti. La chute, qui se jette dans le canyon du haut d'une paroi de 76 m, offre un spectacle saisissant. Il est possible de faire une courte randonnée (1 heure) le long de la rivière, au creux du canyon, jusqu'à la base de la chute. Vous y découvrirez de magnifiques falaises de calcaire gris striées de schistes rouge et vert. En faisant encore 10 km sur la route principale, vous arriverez à la voie d'embranchement donnant accès à la **baie de la Tour** ★★, qui se trouve 14 km plus loin. Il s'agit d'une longue plage adossée à de superbes parois de calcaire.

Du fleuve Saint-Laurent au lac Pohénégamook

'industrie forestière règne en maître dans cet arrière-pays du Bas-Saint-Laurent situé au nord de la frontière canado-américaine (État du Maine), étonnamment proche du fleuve aux environs de Rivière-du-Loup. Cette région de collines boisées et de lacs est prisée des amateurs de plein air qui apprécient particulièrement les milieux sauvages éloignés des grands centres.

Le circuit proposé décrit une boucle presque complète, partant et aboutissant à proximité du fleuve Saint-Laurent. En poursuivant son chemin par la route transcanadienne au-delà de Dégelis, ce circuit peut également être interprété dans sa partie est comme une étape sur la route du Nouveau-Brunswick et des autres provinces de l'Est canadien.

Itinéraire

Pour accéder au circuit proposé dans la région, quittez l'autoroute 20 et prenez la route 132 Est à partir de La Pocatière. Les routes 232, 185 et 289 vous permettent d'entrer à l'intérieur des terres et ainsi de voir les superbes forêts et vallées du Bas-Saint-Laurent. Suivez la route transcanadienne (route 185 Sud) jusqu'à la sortie conduisant à Saint-Louis-du-Ha! Ha!.

À découvrir

Saint-Louis-du-Ha! Ha!

Nom d'origine hexcuewaska, Ha! Ha! signifie «quelque chose d'inattendu». Ce terme est tout à fait à propos, lorsque, du sommet du mont Aster, on découvre soudainement le lac Témiscouata dans le lointain.

La **Station scientifique Aster** *(7$; fin juin à début sept tlj 13h à 24h; 59 ch. Bellevue,*

Du fleuve Saint-Laurent au lac Pohénégamook

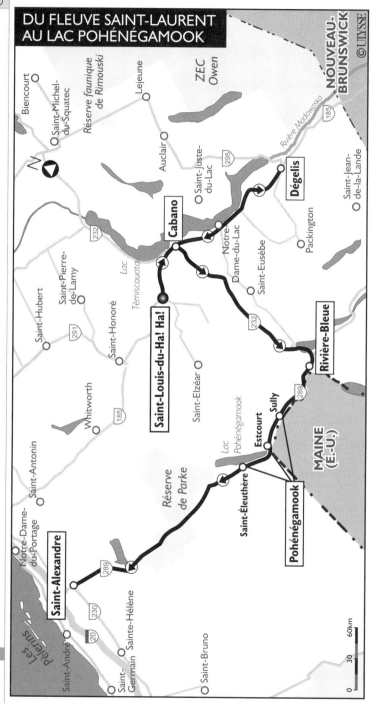

DU FLEUVE SAINT-LAURENT
AU LAC POHÉNÉGAMOOK

©ULYSSE

NOUVEAU-BRUNSWICK

ZEC Owen

Réserve faunique de Rimouski

Biencourt

Saint-Michel-du-Squatec

Lejeune

Auclair

Rivière Madawaska

185

Saint-Juste-du-Lac

295

Dégelis

Saint-Jean-de-la-Lande

232

Cabano

Notre-Dame-du-Lac

Saint-Eusèbe

Packington

Saint-Pierre-de-Lamy

Lac Témiscouata

Saint-Hubert

Saint-Honoré

291

Saint-Louis-du-Ha! Ha!

Saint-Elzéar

232

Rivière-Bleue

Whitworth

185

Sully

289

Saint-Antonin

Réserve de Parke

Lac Pohénégamook

Estcourt

MAINE (É.-U.)

Notre-Dame-du-Portage

Saint-Éleuthère

Pohénégamook

Saint-Alexandre

289

Sainte-Hélène

230

Saint-André

20

Saint-Germain

Saint-Bruno

Les Pèlerins

0   30   60km

418-854-2172 ou 877-775-2172, www. asterbsl.ca) organise des soirées d'observation au télescope et présente des expositions scientifiques qui traitent de sismologie, d'énergies douces, de météorologie et de géologie.

 Reprenez la route 185 Sud jusqu'à Cabano.

- -
Cabano
★

Ville forestière par excellence, Cabano est le siège de la cartonnerie Papiers Cascades des frères Lemaire. Seule une partie de l'agglomération du XIXe siècle, appelée "Fraser Village", subsiste, le reste ayant été détruit par un terrible incendie survenu en 1950. La ville occupe cependant un très beau site en bordure du lac Témiscouata, entouré de collines et de rivières.

Fort Ingall ★★ *(7$; fin juin à début sept tlj 9h30 à 17h, sept à oct sur réservation; 81 rue Caldwell, *418-854-2375).* Nous sommes ici à quelques dizaines de kilomètres seulement des États-Unis. En 1839, à la suite d'un différend sur le tracé de la frontière canado-amé-ricaine, le gouvernement britannique fait construire une série de fortins dans les environs du lac Témiscoua-ta afin de défendre les territoires de l'Amérique du Nord britannique et de protéger la précieuse ressource qu'est le bois de coupe. En effet, les Américains profitent de l'isolement de la région à l'époque pour constamment reporter plus au nord la limite entre les deux pays, d'abord pour s'approprier davantage de forêts mais aussi afin de créer une ouverture éventuelle sur le fleuve Saint-Laurent.

Le fort Ingall, qui porte le nom du lieutenant qui le commandait autrefois, faisait partie du système de dissuasion mis en place par les Britanniques. Il n'a jamais connu la guerre et sera abandonné graduellement à la suite du règlement pacifique du conflit par le traité d'Ashburton en 1842, pour ensuite sombrer dans l'oubli. Ce n'est qu'en 1973 que l'on entreprend de reconstituer 6 des 11 bâtiments à partir des vestiges archéologiques. Les structures de bois, construites selon la technique dite en pièce sur pièce, comprennent une caserne et un blockhaus de même que le logement des officiers. L'ensemble, ouvert au public, est entouré d'une

Du fleuve Saint-Laurent au lac Pohénégamook

palissade de bois et de terre. Une instructive exposition sur l'histoire du fort et de la région est présentée dans un bâtiment, alors que le reste du site est utilisé comme centre culturel par les habitants de la région.

 *Longez le lac Témiscouata par la route 185 Sud, puis prenez la route 232 à droite, en direction de Rivière-Bleue. Si vous choisissez plutôt de poursuivre par la route 185 Sud, vous aborderez alors **Notre-Dame-du-Lac** avant d'arriver à Dégelis, au bord de la rivière Madawaska.*

Dégelis

La vallée de la rivière Madawaska a été au centre des disputes frontalières du milieu du XIXe siècle. Des villages autrefois québécois ou acadiens se retrouvent aujourd'hui du côté américain, formant un îlot francophone dans la partie nord de l'État du Maine. Dégelis, principale porte d'entrée du Québec dans la région, est une petite ville dominée par les scieries. «Dégelis» (en vieux français) et «Madawaska» (en langue micmaque) signifient «ne gèle pas». En effet, les forts courants qui prédominent à l'embouchure de

la rivière Madawaska l'empêchent de geler pendant l'hiver.

Rivière-Bleue

Autre agglomération née de l'exploitation forestière, Rivière-Bleue est surtout connue pour avoir été l'un des principaux points de passage à l'époque de la Prohibition aux États-Unis (1920-1933). Les *bootleggers*, ces contrebandiers d'alcool qui prenaient des risques énormes pour acheminer les bouteilles de gin, de whisky et de rhum vers les bars et cabarets clandestins de New York et de Chicago, en avaient fait en quelque sorte leur siège social.

 Prenez la route 289 à droite, en direction de Pohénégamook.

Pohénégamook

Cette ville est née de la fusion de trois municipalités pourtant assez éloignées les unes des autres: Sully, Estcourt et Saint-Éleuthère. Les deux premières ont été fondées au bord de la rivière Pohénégamook, qui délimite la frontière entre le Maine et le Québec, alors que la troisième est située à proximité du lac Pohénégamook, reconnu pour sa belle plage et ses activités de plein air. À Estcourt, une borne marque l'emplacement de la ligne frontalière qui traverse le village en diagonale, faisant de certains de ses habitants des citoyens américains. Quelques maisons se retrouvent même à cheval sur la frontière. On est alors aux États-Unis lorsque l'on regarde la télé dans le salon, et on rentre au Québec pour le dîner dans la salle à manger. Il va sans dire que le tout se fait dans l'harmonie la plus complète et que, hormis la présence de la borne et de quelques drapeaux, il est difficile de croire que l'on a véritablement changé de pays en traversant la rue.

L'un des meilleurs endroits pour faire du ski de fond ou de la randonnée pédestre est **Pohénégamook Santé Plein Air** *(1723 ch. Guérette, ☎418-859-2405 ou 800-463-1364, www.pohenegamook.com).* On y trouve 43,5 km de sentiers balisés traversant un «ravage» (zone servant de refuge aux cervidés pendant l'hiver) où errent quelque 500 cerfs de Virginie (communément appelés «chevreuils» au Québec).

Suivez la route 289 jusqu'à la route 132.

Avant d'arriver au bord du fleuve, on traverse **Saint-Alexandre**, village intérieur du Pays de Kamouraska, où se trouve une jolie église construite en 1851. Son beau maître-autel est une réplique de celui de la basilique-cathédrale Notre-Dame de Québec.

Du fleuve Saint-Laurent au lac Pohénégamook

LES FORTS DU RICHELIEU

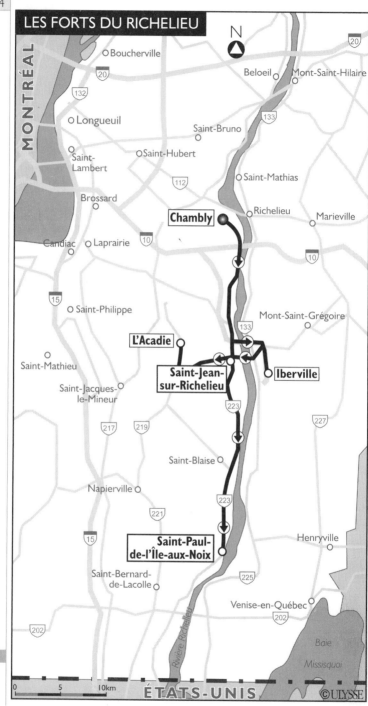

N

Boucherville

Beloeil
Mont-Saint-Hilaire

MONTRÉAL

Longueuil

Saint-Bruno

Saint-Hubert

Saint-Lambert

Saint-Mathias

Brossard

Richelieu

Chambly

Marieville

Candiac
Laprairie

Saint-Philippe

Mont-Saint-Grégoire

L'Acadie

Saint-Jean-sur-Richelieu

Iberville

Saint-Mathieu

Saint-Jacques-le-Mineur

Saint-Blaise

Napierville

Henryville

Saint-Paul-de-l'Île-aux-Noix

Saint-Bernard-de-Lacolle

Venise-en-Québec

Baie
Missisquoi

Rivière Richelieu

0   5   10km

ÉTATS-UNIS

©ULYSSE

Les forts du Richelieu

Les forts du Richelieu

Ce circuit, qui conduit de Chambly jusqu'à la frontière canado-américaine, permet d'explorer le réseau défensif créé le long de la rivière Richelieu sous le Régime français et renforcé à la suite de la Conquête. Ce chapelet de forts servait à contrôler l'accès au Richelieu, longtemps la principale voie de communication entre Montréal, la Nouvelle-Angleterre et New York, via le lac Champlain et le fleuve Hudson.

L'itinéraire

À partir de Montréal, prenez le pont Champlain, puis continuez par l'autoroute 10 en direction de Chambly, sur la rive ouest du Richelieu, jusqu'à la sortie du boulevard Fréchette. De Chambly, vous n'aurez qu'à suivre la route 223 Sud, puis les routes 202 et 221, pour compléter le circuit.

À découvrir

Chambly
★ ★

La ville de Chambly occupe un site privilégié en bordure du Richelieu, qui s'élargit à cet endroit pour former le bassin de Chambly. Celui-ci se trouve à l'extrémité des rapides qui entravaient autrefois la navigation sur la rivière, faisant du lieu un élément clé du système défensif de la Nouvelle-France.

Dès 1665, le régiment de Carignan-Salières, sous le commandement du capitaine Jacques de Chambly, y construit un premier fort de pieux pour repousser les Iroquois de la rivière des Iroquois (le Richelieu), qui effectuent alors de fréquentes incursions jusqu'à Montréal. En 1672, le capitaine de Chambly reçoit la seigneurie qui portera son nom en guise de remerciement pour services rendus à la colonie.

Le bourg qui se formera graduellement autour du fort connaîtra une période florissante au moment de la guerre canado-américaine de 1812-1814, alors qu'une importante garnison britannique y est stationnée. Puis, en 1843, on inaugure le canal de Chambly, qui permettra de contourner les rapides du Richelieu, facilitant ainsi le commerce entre le Canada et les États-Unis.

Suivez l'avenue Bourgogne jusqu'à l'étroite **rue De Richelieu ★**, que vous emprunterez en direction du fort. Après avoir longé le parc des Rapides, où il est possible d'admirer de près le barrage de Chambly, vous retrouverez, de part et d'autre de la rue, plusieurs demeures monumentales construites dans la première moitié du XIXᵉ siècle.

Manoir De Salaberry *(18 rue De Richelieu).* Le colonel Charles-Michel d'Irumberry de Salaberry est bien connu pour sa victoire décisive sur l'armée américaine lors de la guerre de 1812-1814. Salaberry et sa femme, Julie Hertel de Rouville, sont issus de la noblesse française et choisissent de demeurer au Canada malgré la Conquête. Ils emménagent dans cette grande maison construite vers 1814 afin d'administrer la seigneurie de Chambly, dont ils détiennent environ le tiers à cette époque. Mélange d'architecture palladienne et française, le manoir De Salaberry est l'une des plus élégantes propriétés de la région.

Maison Ducharme *(on ne visite pas; 10 rue De Richelieu).* À la suite de la guerre de 1812-1814, de nombreuses infrastructures militaires ont été érigées dans les environs du fort Chambly. Plusieurs ont été démolies depuis, alors que d'autres ont été recyclées. C'est le cas de la maison Ducharme, ancienne caserne de soldats bâtie en 1814 et transformée en résidence privée à la fin du XIXᵉ siècle.

L'ancien **corps de garde** *(8 rue De Richelieu)* de 1814 avoisine la maison Ducharme au nord. Il est doté d'un portique palladien en bois, seul élément qui le distingue véritablement de l'architecture du Régime français. Il abrite une exposition sur la présence anglaise à Chambly. À l'extrémité de la rue De Richelieu, on aperçoit le fort de Chambly au milieu de son parc.

 Tournez à gauche dans la rue du Parc, puis reprenez l'avenue Bourgogne à droite.

De nombreux Britanniques, civils et militaires, de même que des réfugiés loyalistes américains, s'installent à Chambly au cours de la première moitié du XIXᵉ siècle. L'**église anglicane St. Stephen** ★ *(2000 av. Bourgogne)* est construite dès 1820 pour desservir cette communauté ainsi que la garnison du fort. Le temple, conçu par l'entrepreneur local François Valade, reprend la forme des églises catholiques de l'époque. L'intérieur, sobre et blanc, est cependant plus proche du culte anglican.

Lieu historique national du Fort-Chambly ★★★ *(5,75$; &; avr à mi-mai et début sept à fin-oct 10h à 17h mer-dim, mi-mai à début sept tlj 10h à 17h, fin juin à début sept tlj 10h à 18h; 2 rue De Richelieu,* ☎ *450-658-1585, www.pc.gc.ca/fortchambly).* Le fort Chambly est le plus important ouvrage militaire

portes et les ponts des neuf écluses qui correspondent à une dénivellation graduelle de 22 m entre Chambly et Saint-Jean. Le canal, inauguré en 1843, est exclusivement consacré à la navigation de plaisance depuis 1973.

 Empruntez la rue Martel, qui longe le bassin de Chambly.

L'**église catholique Saint-Joseph** *(164 rue Martel)* a été construite en 1881 sur une partie des murs de la première église de 1784, gravement endommagée par un incendie. En face se trouve la dernière œuvre connue du sculpteur Louis-Philippe Hébert: la statue du curé Migneault.

 Rebroussez chemin et reprenez la rue Martel puis l'avenue Bourgogne. Poursuivez par la route 223 Sud jusqu'à Saint-Jean-sur-Richelieu.

du Régime français qui soit parvenu jusqu'à nous. Il a été construit entre 1709 et 1711 selon les plans de l'ingénieur Josué Dubois Berthelot, à l'instigation du marquis de Vaudreuil. Le fort, défendu par les Compagnies franches de la Marine, devait protéger la Nouvelle-France contre une éventuelle invasion anglaise. Il remplace les trois forts de bois ayant occupé le site depuis 1665.

Ce monument historique s'inscrit dans un cadre spectaculaire en bordure du bassin de Chambly, là où débutent les rapides. Sur le plan architectural, il s'agit d'une fortification bastionnée comportant des échauguettes en bois. L'intérieur du fort abrite un centre d'interprétation qui explique le rôle du fort dans les conflits des siècles derniers de même que les activités de la garnison française de 1665 à 1760 et le peuplement de la seigneurie de Chambly. De nombreux objets et vestiges retrouvés lors des fouilles archéologiques témoignent du quotidien des occupants de la fortification.

Reprenez l'avenue Bourgogne à droite jusqu'au **Lieu historique national du Canal-de-Chambly** *(entrée libre; stationnement 4$; mi-mai à mi-oct; 1751 av. Bourgogne,* ☎ *450-447-4888, www.pc.gc. ca/canalchambly)* d'où vous surplomberez l'embouchure. À cet endroit et sur tout le parcours de cet étroit canal de 19 km de longueur, vous pourrez observer les éclusiers actionner les

Saint-Jean-sur-Richelieu
★

On entre à Saint-Jean par la **rue Richelieu**, principale artère commerciale de la ville. Celle-ci a été la proie des flammes à deux reprises au cours de son histoire. Elle fut reconstruite aussitôt après l'incendie de 1876, ce qui lui confère une certaine homogénéité architecturale peu commune au Québec.

 L'ensemble des attraits de la ville est situé dans un périmètre restreint qu'il est possible de parcourir à pied depuis la rue Richelieu. Remontez la rue Saint-Jacques jusqu'à l'intersection avec la rue Longueuil.

Cathédrale Saint-Jean-L'Évangéliste *(angle St-Jacques et Longueuil)*. Le corps de la cathédrale date de 1827, mais ses extrémités ont été complètement réorganisées en 1861, au moment où façade et chevet ont été intervertis. La façade actuelle, avec son clocher de cuivre, date cependant du début du XXe siècle. Le lieu saint n'a été élevé au rang de cathédrale qu'en 1933, ce qui explique son humble apparence.

À l'extrémité nord de la rue Longueuil, on aperçoit le palais de justice néoclassique érigé en 1854 d'après un modèle en pierres calcaires grises fort répandu à l'époque. Empruntez la rue Longueuil vers le sud jusqu'à la place du Marché.

Le **Musée du Haut-Richelieu** ★ *(4$; mar-sam 11h à 17h, dim 13h à 17h; 182 rue Jacques-Cartier N.,* ☎*450-347-0649, www. museeduhaut-richelieu.com)* est aménagé à l'intérieur de l'ancien marché public érigé en 1859. Le musée présente, outre différents objets et maquettes liés à l'histoire du Haut-Richelieu, une intéressante collection de poteries et faïences produites dans la région au cours du XIXe siècle, dont de belles pièces de la compagnie Farrar et de la St. Johns Stone Chinaware Company.

Inaugurée en 1817, l'**église St. James** *(angle Jacques-Cartier et St-Georges)* est l'un des plus anciens temples anglicans de la Montérégie. Son architecture d'inspiration américaine nous rappelle qu'à cette époque Saint-Jean accueillait une importante communauté de réfugiés loyalistes en provenance des États-Unis.

C'est à Saint-Jean-sur-Richelieu que se tient l'**International de montgolfières** *(deuxième ou troisième semaine d'août;* ☎*450-347-9555, www.montgolfieres. com)*. Le ciel se couvre alors d'une centaine de montgolfières multicolores. Les envolées ont lieu tous les jours à 6h et à 18h, si le temps est serein. De l'animation, des expositions et des spectacles font partie des festivités pendant ces journées.

Iberville

En face de Saint-Jean, sur l'autre rive du Richelieu, se trouve Iberville, secteur aujourd'hui fusionné à la ville de Saint-Jean-sur-Richelieu, que l'on rejoint par le pont Gouin.

 Cette excursion facultative débute à la sortie du pont Gouin. Tournez à gauche dans la 1re Rue, qui longe la rivière Richelieu.

L'**église Saint-Athanase** *(55 1re Rue)*. Du parvis de l'église élevée en 1914, on bénéficie d'une belle vue d'ensemble de Saint-Jean-sur-Richelieu.

En 1835, William Plenderleath Christie hérite de la seigneurie familiale. La même année, il entreprend la construction de l'imposant **manoir Christie** ★ *(on ne visite pas; 375 1re Rue)*, d'inspiration georgienne et visible à travers les arbres. Il s'agit d'une grande maison en pierre à la toiture surmontée d'un élégant lanternon. Les Christie n'habiteront que sporadiquement leur propriété d'Iberville, puisqu'on les retrouvera tantôt à Londres, tantôt à Bath. Leur ancien domaine n'en demeure pas moins l'un des plus évocateurs du régime seigneurial.

 Retournez à Saint-Jean-sur-Richelieu par le pont Gouin. Poursuivez par la rue Saint-Jacques jusqu'à la jonction avec la route 219 Sud. Suivez les indications vers L'Acadie, secteur aujourd'hui fusionné à la ville de Saint-Jean-sur-Richelieu.

Les forts du Richelieu

Éloignée temporairement des rives du Richelieu, cette autre excursion facultative permet d'explorer l'intérieur des terres et l'un de ses villages les plus charmants.

L'Acadie
★

L'**église Sainte-Marguerite-de-Blairfindie** ★★ *(1450 ch. du Clocher)*, le presbytère et la vieille école de L'Acadie forment l'un des ensembles institutionnels les plus pittoresques et les mieux conservés de toute la Montérégie. La paroisse catholique de Sainte-Marguerite a été constituée canoniquement en 1784. Il faudra cependant attendre 1801 avant que ne soit inaugurée l'église actuelle en pierre. Celle-ci, avec son plan en croix latine, son clocher à deux lanternons et ses ouvertures ordonnancées selon les préceptes de l'abbé Conefroy, est un modèle d'architecture québécoise traditionnelle. Remarquez le chemin couvert (1822) qui permet de se rendre du presbytère à l'église à l'abri des intempéries.

En 1822, on construit le **presbytère** actuel, qui comprenait également, à l'origine, l'école et la salle des habitants. Sa longue galerie de bois, son étage dégagé du sol et ses larmiers débordants en font un autre bâtiment typique. En 1838, Sir John Colborne, surnommé le Vieux-Brûlot, installe au presbytère son quartier général afin de mater la rébellion qui s'active dans la vallée du Richelieu.

 Revenez sur vos pas et prenez à droite le chemin des Vieux-Moulins pour rejoindre la route 219 Sud.

En parcourant le **chemin des Vieux-Moulins** ★, on peut apercevoir quelques belles maisons de ferme du XIXᵉ siècle dans un cadre champêtre. Parmi celles-ci, la **ferme Roy** *(on ne visite pas; 777 ch. des Vieux-Moulins)* constitue un rare ensemble de bâtiments à vocation agricole en pierre et en bois datant de la première moitié du XIXᵉ siècle. Le site comprend, outre la maison de moellons construite pour Joseph Roy en 1805, la remise, l'étable en pierre à deux étages et la grange en bois.

Afin de commémorer la venue des ancêtres acadiens dans ce joli village, la famille Delisle a créé le **Centre d'interprétation «Il était une fois... une petite colonie»** ★ *(6$; mi-juin à mi-sept mer-dim 10h à 17h; 2500 route 219, ☎450-347-9756)*. Des guides costumés vous accueillent pour vous faire découvrir des bâtiments décorés et meublés à l'ancienne. On retrouve aussi une mini-ferme, un four à pain traditionnel extérieur, ainsi qu'une jolie boutique d'artisanat. Une agréable façon de découvrir le mode de vie des colons.

Il y a quelques années, un certain M. Bertrand a pris goût à la remise à neuf de vieilles machines agricoles. Ce qui au départ était un

Les forts du Richelieu

simple passe-temps est vite devenu une véritable passion. Devant le problème d'espace pour entreposer ses nombreuses pièces de collection, M. Bertrand décida d'acheter une fermette sur le bord de la rivière L'Acadie. De là naquit **Aux Couleurs de la Campagne** *(6$; début mai à début nov tlj 10h à 16h; 2864 route 219, ☎450-346-1630)*, musée et ferme consacrés au monde agricole. On y trouve aujourd'hui, en plus de nombreux instruments aratoires, une vaste collection d'objets antiques qui ne manqueront pas de raviver les souvenirs des plus vieux et de susciter la curiosité des plus jeunes.

 Empruntez la route 219 Nord vers Saint-Jean-sur-Richelieu, puis reprenez la route 223 Sud, qui longe la rivière Richelieu.

Saint-Paul-de-l'Île-aux-Noix

Ce village est surtout connu pour son fort, édifié sur l'île aux Noix, au milieu de la rivière Richelieu. Le premier occupant de l'île, le cultivateur Pierre Joudernet, payait sa rente seigneuriale sous la forme d'un sac de noix, d'où le nom donné aux lieux. Vers la fin du Régime français, l'île acquit une grande importance stratégique en rai-

son de la proximité du lac Champlain et des colonies américaines. En 1759, les Français entreprirent de fortifier l'île, mais les ressources manquèrent, tant et si bien que la prise du fort par les Britanniques se fit sans difficulté. En 1775, l'île devint le quartier général des forces révolutionnaires américaines qui tentaient alors d'envahir le Canada. Puis, au cours de la guerre de 1812-1814, le fort reconstruit servit de base pour l'attaque de Plattsburg par les Britanniques.

 Du centre d'accueil des visiteurs (61e Avenue), où vous devez laisser votre voiture, prenez le bac qui conduit sur l'île.

Le **Lieu historique national du Fort-Lennox** ★★ *(6,50$; ⚴; mi-mai à fin juin lun-ven 10h à 17h, sam-dim 10h à 18h; fin juin à début sept tlj 10h à 18h; début sept à début oct sam-dim 10h à 18h; 1 61e Avenue, ☎450-291-5700, www.pc.gc.ca/fort-lennox)* occupe toute l'île aux Noix. Le fort, qui a transformé la configuration de l'île sur un tiers de son territoire, a été construit entre 1819 et 1829 sur les ruines des forts précédents par les Britanniques qui voyaient alors les Américains ériger le fort Montgomery de l'autre côté de la frontière. Derrière l'enceinte bastionnée en terre et entourée de larges fossés, on trouve une poudrière, deux entrepôts, le corps de

garde, le logis des officiers, une caserne et 17 abris souterrains. Le bel ensemble en pierre de taille présente les traits de l'architecture coloniale néoclassique de l'Empire britannique.

Les forces britanniques ont quitté le fort en 1870. Parcs Canada y présente de nos jours une intéressante reconstitution de la vie militaire au XIX⁰ siècle ainsi que deux expositions retraçant l'histoire du fort. Veuillez noter qu'une activité appelée «Les Beaux dimanches au Fort-Lennox» a cours durant les mois de juillet et d'août. Des formations musicales, des troupes de théâtre et des activités de reconstitution historique s'y déroulent.

 Reprenez la route 223 Sud.

Le **Blockhaus de la Rivière-Lacolle** ★ *(entrée libre; mi-mai à début sept tlj 10h à 17h30; 1 rue Principale, ☎450-246-3227),* une construction de bois équarri à deux étages dotée de meurtrières, se trouve à l'extrême sud de la municipalité de Saint-Paul-de-l'Île-aux-Noix. Sa construction remonte à 1782, ce qui en fait l'une des plus anciennes structures de bois en Montérégie. C'est aussi l'un des rares ouvrages du genre qui subsistent au Québec.

Nous sommes ici à 10 km seulement de la frontière canado-américaine. Bien que les relations entre le Canada et les États-Unis soient des plus cordiales depuis plusieurs décennies, ce ne fut pas toujours le cas. Le blockhaus, qui était au premier rang du système défensif de la rivière Richelieu à la fin du XVIII⁰ siècle, jouait un rôle de sentinelle. Ses occupants devaient prévenir les soldats des forts voisins de l'arrivée imminente de troupes d'outre-frontière.

Les forts du Richelieu

La Grande Allée et l'avenue Cartier

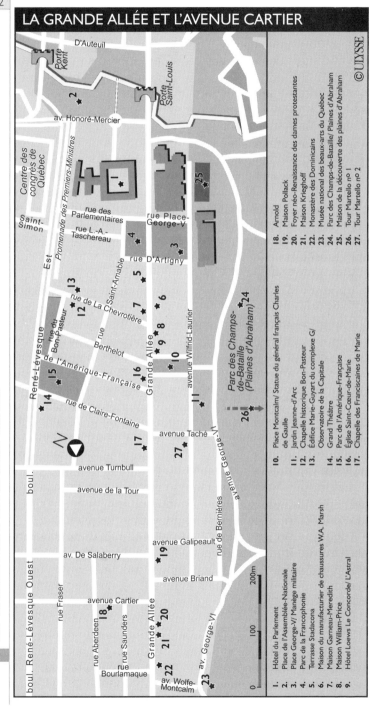

LA GRANDE ALLÉE ET L'AVENUE CARTIER

©ULYSSE

1. Hôtel du Parlement
2. Place de l'Assemblée-Nationale
3. Place George-V/ Manège militaire
4. Parc de la Francophonie
5. Terrasse Stadacona
6. Maison du manufacturier de chaussures W.A. Marsh
7. Maison Garneau-Meredith
8. Maison William-Price
9. Hôtel Loews Le Concorde/ L'Astral

10. Place Montcalm/ Statue du général français Charles de Gaulle
11. Jardin Jeanne-d'Arc
12. Chapelle historique Bon-Pasteur
13. Édifice Marie-Guyart du complexe G/
14. Grand Théâtre
15. Parc de l'Amérique-Française
16. Église Saint-Coeur-de-Marie
17. Chapelle des Franciscaines de Marie

18. Arnold
19. Maison Pollack
20. Foyer néo-Renaissance des dames protestantes
21. Maison Krieghoff
22. Monastère des Dominicains
23. Musée national des beaux-arts du Québec
24. Parc des Champs-de-Bataille/ Plaines d'Abraham
25. Maison de la découverte des plaines d'Abraham
26. Tour Martello nº 1
27. Tour Martello nº 2

La Grande Allée et l'avenue Cartier

D'abord route de campagne reliant Québec au chemin du Roy, qui conduit vers Montréal, la Grande Allée était à l'origine bordée de grandes propriétés agricoles appartenant à la noblesse et aux communautés religieuses du Régime français. À la suite de la Conquête, de nombreux terrains sont aménagés en domaines champêtres, au milieu desquels sont érigées des villas pour les marchands anglophones. Puis la ville néoclassique s'approprie le territoire, avant que la ville victorienne ne lui donne son cachet particulier. La Grande Allée est de nos jours la plus agréable des voies d'accès au Vieux-Québec. Elle relie les différents ministères de la capitale, ce qui ne l'empêche pas d'avoir la mine joyeuse: sur la dernière portion, plusieurs des demeures bourgeoises qui la bordent ont ainsi été reconverties en restaurants ou discothèques.

➲ L'itinéraire

Si vous partez de Montréal, vous pouvez emprunter l'autoroute Jean-Lesage (20 Est) jusqu'au pont Pierre-Laporte; une fois rendu sur la rive nord du fleuve Saint-Laurent, prenez le boulevard Laurier, qui change de nom pour s'appeler successivement chemin Saint-Louis puis Grande Allée; cette voie vous mènera directement à la Haute-Ville. Vous pouvez aussi arriver par l'autoroute Félix-Leclerc (40 Est), que vous devez suivre jusqu'à Sainte-Foy; de là, les indications vers le boulevard Charest Est vous conduiront au centre de la Basse-Ville. Pour monter à la Haute-Ville, il suffit de prendre la rue Dorchester puis la côte d'Abraham.

L'arrivée à Québec en voiture se fait généralement par la Grande Allée. On traverse d'abord une banlieue nord-américaine typique, pour ensuite aborder un secteur très *British* aux rues bordées de grands arbres. Puis on longe les édifices gouvernementaux de la capitale nationale du Québec, pour enfin pénétrer dans la vieille ville par l'une des monumentales portes d'enceinte.

À découvrir

Le circuit débute à la porte Saint-Louis et s'éloigne graduellement de la ville fortifiée.

L'**Hôtel du Parlement** ★★★ *(entrée libre; visites guidées fin juin à début sept lun-ven 9h à 16h30, sam-dim 10h à 16h30; début sept à juin lun-ven 9h à 16h30; angle av. Honoré-Mercier et Grande Allée E.,* ☎ *418-643-7239 ou 866-337-8837, www.assnat. qc.ca)* est mieux connu des résidants de Québec sous le nom d'«Assemblée nationale»; ce vaste édifice construit entre 1877 et 1886 est en effet le siège du gouvernement. Il arbore un

fastueux décor néo-Renaissance française qui se veut le reflet de la particularité ethnique du Québec dans le contexte nord-américain. Eugène-Étienne Taché (1836-1912), son architecte, s'est inspiré du palais du Louvre à la fois pour le décor et pour le plan, développé autour d'une cour carrée. Conçu à l'origine pour loger l'ensemble des ministères ainsi que les deux Chambres d'assemblée calquées sur le modèle du système parlementaire britannique, il s'inscrit de nos jours en tête d'un groupe d'immeubles gouvernementaux s'étirant de part et d'autre de la Grande Allée.

La façade principale aux nombreuses statues constitue une sorte de panthéon québécois. Les 22 bronzes de personnages marquants de la nation qui occupent les niches et les piédestaux ont été réalisés par des sculpteurs réputés tels que Louis-Philippe Hébert et Alfred Laliberté. Un panneau représentant l'élévation de la façade, placé à proximité de l'allée centrale, permet d'identifier ces figures. Devant l'entrée principale, un bronze d'Hébert, intitulé *La halte dans la forêt*, sur lequel se trouve une famille amérindienne, honore la mémoire des premiers habitants du Québec. L'œuvre a été

Empruntez-la jusqu'à l'avenue Wilfrid-Laurier.

La **place George-V**, un espace de verdure, sert de terrain d'exercice et de parade aux soldats du **Manège militaire** ★ *(av. Wilfrid-Laurier)*. Les quelques canons ainsi que le monument Short-Wallick, érigé à la mémoire des deux militaires britanniques qui ont péri en tentant de combattre l'incendie du faubourg Saint-Sauveur en 1889, sont les seuls éléments de décor de ces lieux destinés à mettre en valeur l'amusante façade de style château du Manège militaire, construit en 1888 selon les plans de l'architecte de l'Hôtel du Parlement, Eugène-Étienne Taché.

présentée à l'Exposition universelle de Paris en 1889. *Le pêcheur à la Nigog*, du même auteur, est disposé dans la niche de la fontaine.

Signalons, devant l'Assemblée nationale, la belle **place de l'Assemblée-Nationale**, coupée en deux par l'élégante avenue Honoré-Mercier. Du côté des remparts, la place est animée de plusieurs événements tout au long de l'année. Par exemple, on y érige une scène du Festival d'été en juillet, puis en février le palais de glace, qui trône au milieu des festivités du Carnaval.

Le **Carnaval de Québec** *(☎ 418-626-3716 ou 866-422-7628, www.carnaval.qc.ca)* a lieu tous les ans autour des deux premières semaines de février. Il est l'occasion pour les habitants de Québec et les visiteurs de fêter les beautés de l'hiver. Il a sans doute également pour but d'égayer cette période de l'année, où l'hiver semble n'en plus finir. Ainsi, plusieurs activités sont organisées tout au long de ces semaines. Parmi les plus populaires, mentionnons le défilé de nuit, la traversée du fleuve en canot à glace et le concours de sculptures de glace et de neige. En cette saison, la température est très froide; aussi, pour bien profiter de ces festivités, faut-il être très chaudement vêtu.

 Prenez la Grande Allée vers l'ouest en vous éloignant du Vieux-Québec. Vous croiserez, sur votre gauche, la rue Place-George-V, qui longe la place du même nom.

 Retournez à la Grande Allée.

Le **parc de la Francophonie** *(entre la rue des Parlementaires et la rue D'Artigny)* et le complexe G, qui se profile en arrière-plan, occupent l'emplacement du quartier Saint-Louis, aujourd'hui presque entièrement détruit. Le parc est aménagé pour la présentation de spectacles en plein air. Il s'anime entre autres pendant le Festival d'été. On l'appelle communément «Le Pigeonnier», nom qui lui vient de l'intéressante structure de béton érigée en son centre (1973), d'après une idée des architectes paysagistes Schreiber et Williams.

 Continuez par la Grande Allée vers l'ouest, le long de sa section la plus animée.

La **terrasse Stadacona** *(nᵒˢ 640 à 664)* correspond à la première phase d'urbanisation de la Grande Allée. L'ensemble néoclassique, construit en 1847, se définit comme une «terrasse», type d'habitat emprunté à l'Angleterre qui est formé d'un groupe de maisons unifamiliales mitoyennes, aménagées derrière une façade unique. Les maisons ont depuis été reconverties en restaurants et bars, devant lesquels sont déployées des terrasses aux multiples parasols. En face *(nᵒˢ 661 à 695)*,

La Grande Allée et l'avenue Cartier

un groupe de maisons Second Empire, érigées en 1882, à l'époque où la Grande Allée était l'artère à la mode auprès de la bourgeoisie de Québec, dénotent l'influence du parlement sur l'architecture résidentielle du quartier. Trois autres demeures de la Grande Allée retiennent l'attention pour l'éclectisme de leur façade: la **maison du manufacturier de chaussures W.A. Marsh** *(n° 625)*, érigée en 1899 selon les plans de l'architecte torontois Charles John Gibson; la **maison Garneau-Meredith** *(n°s 600 à 614)*, construite la même année que la précédente; la **maison William-Price** *(n° 575)*, véritable petit palais à la manière de Roméo et Juliette qui abrite aujourd'hui restaurants et discothèques, et qui est malheureusement écrasée par la masse de l'**Hôtel Loews Le Concorde**. Du restaurant panoramique **L'Astral** de cet établissement, on a cependant une vue magnifique sur la Haute-Ville et les plaines d'Abraham.

À côté de l'Hôtel Loews Le Concorde se trouve la petite **place Montcalm**, où un monument commémore la mort du général français survenue lors de la bataille des plaines d'Abraham le 13 septembre 1759. Tournant le dos à Montcalm, est érigée une **statue du général français Charles de Gaulle** (1890-1970), qui a soulevé une vive controverse lors de son installation au printemps 1997.

Plus loin, à l'entrée des plaines d'Abraham, le **jardin Jeanne-d'Arc** ★ ★ dévoile aux yeux des promeneurs de magnifiques parterres de même qu'une statue de la pucelle d'Orléans montée sur un fougueux destrier et qui honore la mémoire des soldats tués en Nouvelle-France au cours de la guerre de Sept Ans. Vous vous trouvez présentement au-dessus d'un immense réservoir d'eau potable, niché sous cette partie des plaines d'Abraham!

 Revenez à la Grande Allée vers l'est, et tournez à gauche dans la rue de La Chevrotière.

Derrière l'austère façade de la maison mère des sœurs du Bon-Pasteur, communauté vouée à l'éducation des jeunes filles abandonnées ou délinquantes, se cache une souriante chapelle néo-baroque conçue par Charles Baillairgé en 1866. Il s'agit de la **chapelle historique Bon-Pasteur** ★ ★ *(entrée libre; lun-ven 9h à 17h; 1080 rue de La Chevrotière, ☎418-522-6221)*. Haute et étroite, elle sert de cadre à un authentique tabernacle baroque de 1730, réalisé par Pierre-Noël Levasseur.

Au dernier niveau des 31 étages de l'**édifice Marie-Guyart** du **complexe G**, surnommé «le calorifère» par les Québécois, se trouve l'**Observatoire de la Capitale** *(5$; fin juin à mi-oct tlj 10h à 17h, mi-oct à fin juin mar-dim 10h à 17h; 1037 rue de La Chevrotière, ☎418-644-9841 ou 888-497-4322, www.observatoirecapitale.org)*, d'où l'on bénéficie d'une **vue** ★ ★ exceptionnelle de Québec. À 221 m d'altitude, c'est le point d'observation le plus haut de la ville.

 Revenez à la rue Saint-Amable, que vous emprunterez à droite jusqu'au parc de l'Amérique Française.

Le **Grand Théâtre** *(269 boul. René-Lévesque E., ☎418-643-8131, www.grandtheatre.qc.ca)*, situé à l'autre extrémité du **parc de l'Amérique-Française**, constituait au moment de son inauguration, en 1971, le fleuron de la haute société de Québec. Aussi le scandale fut-il grand lorsqu'une murale du sculpteur Jordi

Bonet arborant un poème de Claude Péloquin, où l'on peut encore lire *Vous êtes pas tannés de mourir, bande de caves*, fut dévoilée pour orner le hall. Le théâtre, œuvre de Victor Prus, architecte d'origine polonaise, comprend en réalité deux salles (Louis-Fréchette et Octave-Crémazie), où l'on présente les concerts de l'Orchestre symphonique de Québec, des spectacles de variétés, du théâtre et de la danse.

 Rendez-vous à la rue de l'Amérique-Française, où vous tournerez à droite pour rejoindre la Grande Allée.

L'**église Saint-Cœur-de-Marie** *(530 Grande Allée E.)* a été construite pour les eudistes en 1919 selon les plans de Ludger Robitaille. Elle fait davantage référence à un ouvrage militaire, à cause de ses tourelles, de ses échauguettes et de ses mâchicoulis, qu'à un édifice à vocation religieuse. On dirait une forteresse méditerranéenne percée de grands arcs. Lui fait face la plus extraordinaire rangée de maisons Second Empire qui subsiste à Québec (*n°s 455 à 555, Grande Allée E.*), baptisée à l'origine **terrasse Frontenac**. Ses toitures fantaisistes et élancées, qui pourraient être celles d'un conte illustré pour enfants, sont issues de l'imagination de Joseph-Ferdinand Peachy (1895).

 Continuez par la Grande Allée vers l'ouest.

Les sœurs franciscaines de Marie sont membres d'une communauté de religieuses à demi cloîtrées qui se consacrent à l'adoration du Seigneur. En 1901, elles font ériger le sanctuaire de l'Adoration perpétuelle, qui accueille les fidèles en prière. L'exubérante **chapelle des Franciscaines de Marie ★**, de style néo-baroque, célèbre la présence permanente de Dieu. On y voit une coupole à colonnes, soutenue par des anges, et un somptueux baldaquin en marbre.

 Poursuivez votre balade dans la même direction jusqu'à l'avenue Cartier.

L'**avenue Cartier** est une des belles rues commerçantes de la ville. Épine dorsale du quartier résidentiel Montcalm, elle aligne restaurants, boutiques et épiceries fines qui attirent une clientèle yuppie qui aime y déambuler.

Sur l'avenue Cartier, **Arnold** *(1190-A av. Cartier;* ☎ *418-522-6053)* annonce ses «chocolats cochons» par une enseigne où trône… un cochon! Ses chocolats mais aussi sa crème glacée (goûtez celle aux fraises fraîches) vous donneront envie d'en manger encore et encore.

Pendant la belle saison, les Québécois sont friands de crèmes glacées, de yogourts glacés et de sorbets. On n'a qu'à déambuler sur l'avenue Cartier pour s'en apercevoir. Cette courte artère compte en effet une demi-douzaine de **bars laitiers** qui proposent des cornets alléchants!

On remarquera, dans les environs, la **maison Pollack** *(1 Grande Allée O.)*, d'inspiration américaine, le **Foyer néo-Renaissance des dames protestantes** *(111 Grande Allée O.)*, élevé en 1862 par l'architecte Michel Lecourt, et la **maison Krieghoff** *(115 Grande Allée O.)*, habitée en 1859 par le peintre d'origine hollandaise Cornelius Krieghoff.

Le **monastère des Dominicains ★** *(on ne visite pas; 175 Grande Allée O.)* et son église sont des réalisations relativement récentes, mais qui témoignent de l'influence de l'architecture néo-gothique. L'ensemble, au cachet britannique, est d'une sobriété qui incite à la méditation et au recueillement.

 Tournez à gauche dans l'avenue Wolfe-Montcalm, qui constitue à la fois l'une des entrées au parc des Champs-de-Bataille et l'accès au

La Grande Allée et l'avenue Cartier

Musée national des beaux-arts du Québec.

Au rond-point se dresse le **monument à la mémoire du général Wolfe**, vainqueur de la décisive bataille des plaines d'Abraham. C'est, dit-on, le lieu exact où il fut tué. Le monument élevé en 1832 fut maintes fois la cible des manifestants et des vandales. Renversé de nouveau en 1963, il sera reconstruit l'année suivante et muni pour la première fois d'une inscription... en français.

À la suite d'une rénovation d'envergure achevée en 1992, le **Musée national des beaux-arts du Québec ★ ★ ★** *(10$, entrée libre pour les expositions permanentes; début juin à début sept tlj 10h à 18h, mer jusqu'à 21h; début sept à fin mai mardim 10h à 17h, mer jusqu'à 21h; parc des Champs-de-Bataille;* ☎*418-643-2150 ou 866-220-2150, www.mnba.qc.ca)* a été doté de nouveaux espaces. On aperçoit, sur la droite, le bâtiment original, soit l'édifice Renouveau classique de 1933, dont la façade est tournée vers l'ouest. La nouvelle entrée, dominée par une tour de verre qui n'est pas sans rappeler celle du Musée de la civilisation, est disposée dans l'axe de l'avenue Wolfe-Montcalm. Elle relie en souterrain le premier édifice à l'ancienne prison de Québec du côté gauche (1860), habilement restaurée pour recevoir des salles d'exposition et rebaptisée «pavillon Charles-Baillairgé», du nom de son architecte. Certaines des cellules ont même été conservées.

La visite de cet important musée permet de se familiariser avec la peinture, la sculpture et l'orfèvrerie québécoise, depuis l'époque de la Nouvelle-France jusqu'à aujourd'hui. Le musée a d'ailleurs inauguré en mai 2000 une salle entièrement consacrée au peintre Jean-Paul Riopelle (1923-2002) dans laquelle trône entre autres son imposante murale (42 m) appelée *Hommage à Rosa Luxembourg.*

 Prenez l'avenue George-VI à gauche puis l'avenue Garneau à droite.

Le **parc des Champs-de-Bataille ★ ★ ★** *(entrée libre;* ☎*418-648-4071),* créé en 1908, commémore la bataille des **plaines d'Abraham** qui opposa en juillet 1759 la flotte britannique, commandée par le général Wolfe, aux troupes françaises et mit fin au régime de la Nouvelle-France. Le parc donne aux Québécois un espace de verdure incomparable, d'une superficie de

101 ha, jusque-là occupés par un terrain d'exercice militaire, par les terres des ursulines ainsi que par quelques domaines champêtres. L'aménagement définitif du parc, selon les plans de l'architecte paysagiste Frederick Todd, s'est poursuivi pendant la crise (1929-1939), procurant ainsi de l'emploi à des milliers de chômeurs de Québec. Les plaines constituent aujourd'hui un large espace vert sillonné de routes et de sentiers pour permettre été comme hiver des balades de toutes sortes. On y trouve aussi de beaux aménagements paysagers ainsi que des sites d'animation historique et culturelle, tel le **kiosque Edwin-Bélanger**, qui présente des spectacles en plein air.

 La **Maison de la découverte des plaines d'Abraham** ★ *(entrée libre; fin juin à début sept tlj 8h30 à 17h30, début sept à fin juin lun-ven 8h30 à 17h, sam 9h à 17h, dim 10h à 17h; 835 av. Wilfrid-Laurier,* ☎*418-648-4071, www. ccbn-nbc.gc.ca)*, à l'entrée est du parc, s'avère une bonne introduction à la visite des plaines avec ses expositions diverses et ses animations axées sur l'histoire et les sciences naturelles. De là partent diverses visites guidées dont l'une à bord du *Bus d'Abraham*, où vous serez accompagné par Abraham Martin en personne! La Maison de la découverte présente aussi le spectacle multimédia qui reconstitue la bataille des plaines d'Abraham.

Les **tours Martello nᵒˢ 1 et 2** ★ *(www. ccbn-nbc.gc.ca)* sont des ouvrages caractéristiques du système défensif britannique au début du XIXᵉ siècle. La tour nᵒ 1 (1808) est visible en bordure de l'avenue Ontario, et la tour nᵒ 2 (1815) s'inscrit dans le tissu urbain à l'angle des avenues Laurier et Taché. À l'intérieur de la tour nᵒ 1, une exposition retrace certaines stratégies militaires utilisées au XIXᵉ siècle *(4$; fin juin à début sept tlj 10h à 17h;* ☎*418-648-4071)*. Dans la tour Martello nᵒ 2 *(35$; réservations requises;* ☎*418-649-6157)*, on propose des soirées «Conseil de guerre» qui consistent en des soupers mystère..

➜ *Ainsi s'achève ce circuit de la Grande Allée. Pour retourner à la ville fortifiée, suivez l'avenue Ontario, qui mène à l'avenue George-VI, à l'est, ou encore empruntez la rue du Cap-Diamant (dans le secteur vallonné du parc), qui donne accès à la **promenade des Gouverneurs**. Celle-ci longe la Citadelle et surplombe l'escarpement du cap Diamant pour aboutir à la terrasse Dufferin. Elle offre des points de vue panoramiques exceptionnels sur Québec, le Saint-Laurent et la rive sud du fleuve.*

La Grande Allée et l'avenue Cartier

Les grands parcs de la Gaspésie

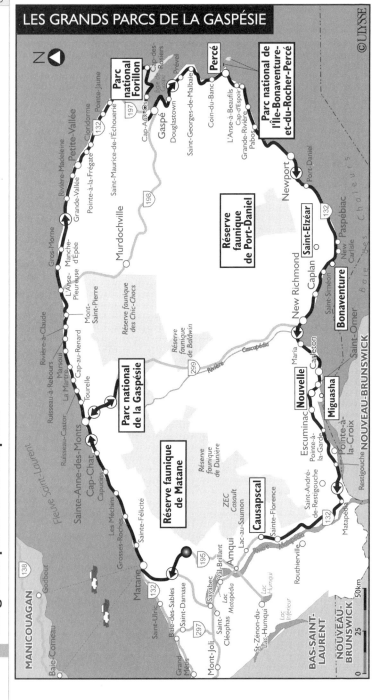

LES GRANDS PARCS DE LA GASPÉSIE

©ULYSSE

Les grands parcs de la Gaspésie

Terre mythique à l'extrémité est du Québec, la Gaspésie fait partie des rêves de ceux qui caressent, souvent long-temps à l'avance, le projet d'en faire enfin le «tour». Ou encore de traverser ses splendides paysages côtiers, là où les monts Chic-Chocs plongent abruptement dans les eaux froides du fleuve Saint-Laurent; de se rendre, bien sûr, jusqu'au fameux rocher Percé; de prendre le large pour l'île Bonaventure et de visiter l'extraordinaire parc national Forillon; enfin de lentement revenir en longeant la baie des Chaleurs et en sillonnant l'arrière-pays par la vallée de la Matapédia.

Dans ce beau «coin» du Québec, aux paysages si pittoresques, des gens fascinants et accueillants tirent encore leur subsistance, en grande partie, des produits de la mer. La grande majorité des Gaspésiens habitent de petits villages côtiers, laissant le centre de la péninsule recouvert d'une riche forêt boréale. On y retrouve le plus haut sommet du Québec méridional, dans cette partie de la chaîne des Appalaches que l'on nomme «les monts Chic-Chocs».

➲ L'itinéraire

Pour entamer cet itinéraire, rendez-vous à Sainte-Flavie par l'autoroute Jean-Lesage (20) puis la route 132, qui mène à Percé en longeant le fleuve Saint-Laurent tout en passant par Matane.

À découvrir

La **réserve faunique de Matane** (*début juin à fin oct; poste d'accueil John, 40 km au sud-est de Matane par la route 195,* ☎ *418-224-3345 ou 800-665-6527, www.sepaq. com*), un ensemble de montagnes et de collines boisées s'étendant sur 1 282 km², est parcourue de rivières et de lacs prisés pour la pêche au saumon.

La réserve a inauguré en décembre 2005 l'**Auberge de montagne des Chic-Chocs** (*réserve faunique de Matane; transport assuré jusqu'à l'auberge à partir du bureau d'accueil de Cap-Chat,*

☎800-665-3091, *www.sepaq.com*). Cette auberge sert de pied-à-terre aux visiteurs qui s'adonnent au ski de haute route, à la raquette, à la randonnée pédestre, au vélo de montagne, à la pêche ou à l'observation de la faune.

Reprenez la route 132 Est en direction de Cap-Chat et de Sainte-Anne-des-Monts. Vous longerez alors de coquets hameaux de pêcheurs aux noms évocateurs: Sainte-Félicité, L'Anse-à-la-Croix, Grosses-Roches et Les Méchins.

*Une excursion qui vaut le détour conduit au cœur de la péninsule gaspésienne. Empruntez la route 299, qui mène à l'entrée du **parc national de la Gaspésie**.*

Le **parc national de la Gaspésie** ★★★ *(3,50$; début juin à mi-oct et mi-déc à mi-avr; entrée nord à 40 km de Sainte-Anne-des-Monts par la route 299, ☎418-763-7494 ou 800-665-6527, www.sepaq. com)* couvre 800 km² et abrite une partie des célèbres monts Chic-Chocs; il fut créé en 1937 afin de sensibiliser les gens à la sauvegarde du territoire naturel gaspésien. Le parc est constitué de zones de préservation réservées à la protection des éléments naturels de la région et de la zone d'ambiance, formée d'un réseau de routes, de sentiers ainsi que de lieux d'hébergement. Les monts Chic-Chocs s'étendent sur plus de 90 km depuis Matane jusqu'au pied du mont Albert. Les monts McGerrigle se dressent perpendiculairement aux Chic-Chocs et couvrent plus de 100 km². Les sentiers traversent trois paysages étagés en se rendant jusqu'aux sommets des quatre plus hauts monts de l'endroit, le **mont Jacques-Cartier**, le **mont Richardson**, le **mont Xalibu** et le **mont Albert**. C'est le seul endroit au Québec où l'on retrouve à la fois des cerfs de Virginie (dans la riche végétation de la première strate), des orignaux (dans la forêt boréale) et des caribous (dans la toundra, sur les sommets).

Au centre du parc se trouve le **Gîte du Mont-Albert** *(2001 route du Parc, ☎418-763-2288 ou 866-727-2427, www. sepaq.com)*. Il n'a de gîte que le nom,

Les Chic-Chocs: les montagnes rocheuses du Québec

Le nom des Chic-Chocs provient du mot micmac *sigsôg*, qui signifie «rochers escarpés» ou «montagnes rocheuses». Contrairement à ce qu'on en dit, ce massif gaspésien, formé d'un haut plateau étroit, ne constitue pas l'extrémité septentrionale de la chaîne nord-américaine des Appalaches, laquelle enjambe le golfe du Saint-Laurent pour aboutir au Long Range, sur l'île de Terre-Neuve.

Muraille infranchissable selon les Amérindiens des siècles derniers, le massif des Chic-Chocs est encore aujourd'hui un territoire à accès restreint. Plus haute portion des Appalaches au Québec, lesquelles sont nommées ici les monts Notre-Dame, qui franchissent la frontière canado-américaine dans les Cantons-de-l'Est, les Chic-Chocs abritent des écosystèmes très particuliers.

puisqu'il s'agit en fait d'une auberge confortable réputée pour sa table, son architecture de bois délicate inspirée du Régime français et ses panoramas saisissants.

 Le **parc national de la Gaspésie** propose un superbe réseau de sentiers aux randonneurs. Vous pourrez, lors d'une même randonnée, admirer quatre types de forêts: une forêt boréale, une forêt d'où sont absents les feuillus, une forêt subalpine constituée d'arbres miniatures et enfin, sur les sommets, la toundra. Nous recommandons, entre autres, les randonnées du mont Jacques-Cartier (difficile) et du mont Albert (très difficile). Pour les marcheurs néophytes, la randonnée du lac aux Américains constitue un choix fort intéressant.

De retour à la route 132, vous traverserez plusieurs villages avant d'arriver à Cap-des-Rosiers, porte d'entrée de la portion sud du parc national Forillon, celle où les paysages sont les plus tourmentés et où la mer est plus présente que jamais.

Le thème du **parc national Forillon** ★ ★ ★ *(6$; centres d'accueil de Penouille et de l'Anse-au-Griffon ouverts de mi-juin à début sept; Parcs Canada, 122 boul. Gaspé, Gaspé, ☎418-368-5505 ou 800-463-6769, www.pc.gc.ca)* est «l'harmonie entre l'homme, la terre et la mer». La succession de forêts et de montagnes, sillonnées de sentiers et bordées de falaises le long du littoral, fait rêver plus d'un amateur de plein air. Le parc abrite une faune assez diversifiée: renards, ours, orignaux, porcs-épics ainsi que d'autres mammifères y sont représentés en grand nombre. Plus de 200 espèces d'oiseaux y ont été répertoriées, notamment le goéland argenté, le cormoran, le pinson, l'alouette et le fou de Bassan. À partir des sentiers du littoral, on peut apercevoir, selon les saisons, des baleines et des phoques. Le parc dissimule aussi différentes plantes rares qui aident à comprendre le passé du sol dans lequel elles poussent. On y retrouve donc non seulement des éléments naturels mais aussi des rappels de l'activité humaine. Dans ce vaste périmètre de 245 km^2 se trouvaient autrefois quatre hameaux, dont les quelque 200 familles furent déplacées lors de la création de ce parc fédéral en 1970. Cette expropriation ne s'est d'ailleurs pas faite sans heurt. Les bâtiments les plus intéressants sur le plan ethnographique furent conservés et restaurés: une dizaine de **maisons de Grande-Grave**, le **phare de Cap-Gaspé**, l'**ancienne église protestante de Petit-Gaspé** et le **fort Péninsule**, partie du système défensif mis en place lors de la Seconde Guerre mondiale pour protéger le Canada contre les incursions des sous-marins allemands.

L'ensemble de Grande-Grave, peuplé à l'origine d'immigrants anglo-normands originaires de l'île de Jersey, dans la Manche, comprend notamment l'**ancien magasin Hyman** de 1845, dont l'intérieur a été soigneusement reconstitué afin de lui redonner son apparence du début du XXe siècle, ainsi que la **maison Blanchette**, en bord de mer, dont les bâtiments forment avec le paysage environnant une véritable carte postale.

 Les **Croisières Baie de Gaspé** *(40$; quai de Grande-Grave, secteur Sud, parc national Forillon, ☎418-892-5500 ou 866-617-5500, www.baleines-forillon.com)* proposent, à bord du *Narval*

Les grands parcs de la Gaspésie

III, des croisières d'observation des baleines dans les eaux qui baignent le parc national Forillon. Ouvrez l'œil, car vous pourriez aussi voir des phoques et des dauphins!

 Poursuivez par la route 132 jusqu'à Percé.

- -

Percé
★ ★

Sur le quai de Percé, plusieurs bateliers proposent de vous emmener jusqu'à l'**île Bonaventure**. Les départs se font fréquemment de 8h à 17h en haute saison. La traversée comporte souvent une courte excursion autour de l'île et du rocher Percé pour vous permettre de bien en observer les beautés. La plupart des entreprises vous laissent passer le temps que vous voulez sur l'île et revenir avec un de leurs bateaux qui font régulièrement l'aller-retour.

Parc national de l'Île-Bonaventure-et-du-Rocher-Percé ★ ★ *(3,50$ transport non inclus; l'accès à l'île Bonaventure se fait par traversier à partir de Percé; fin mai à mi-oct 9h à 17h; ☎418-782-2240 ou 800-665-6527, www.sepaq.com).* En arrivant à Percé, l'œil est attiré par le célèbre **rocher Percé** ★ ★ ★, véritable muraille longue de 471 m et haute de 85 m à sa pointe extrême. Son nom lui vient de l'ouverture cintrée, entièrement naturelle, qui se trouve à la base de la paroi. Il est possible de s'y rendre à marée basse, depuis la plage du

mont Joli, afin d'admirer le paysage grandiose des environs et d'observer les milliers de fossiles enfermés dans le calcaire *(s'informer des heures et de la durée des marées au préalable).*

L'île Bonaventure abrite d'importantes colonies d'oiseaux et renferme des maisons rustiques le long de ses nombreux sentiers de randonnée. La longueur des sentiers varie de 2,8 km à 4,9 km et couvre un total de 15 km. Vu l'absence de milieu humide, il n'y a pas d'insectes piqueurs dans l'île. Toutefois, veillez à apporter votre gourde car aucun point d'eau n'est présent le long des sentiers. L'île Bonaventure abrite plus de 250 000 oiseaux marins dont quelque 80 000 fous de Bassan.

Le **Centre d'interprétation du parc de l'Île-Bonaventure-et-du-Rocher-Percé** *(la visite du Centre d'interprétation est inclus dans les frais d'accès au parc; début juin à mi-oct tlj 9h à 17h; 4 rue du Quai, ☎418-782-2240)* présente un court métrage retraçant l'histoire de l'île Bonaventure et de ses fous de Bassan. Il dispose d'une salle d'exposition, d'aquariums virtuels ainsi que d'une boutique de plein air, dont les livres et les souvenirs portent sur la faune et la flore du parc.

 Reprenez la route 132 en direction de Newport et de Port-Daniel.

Créée en 1953, la **réserve faunique de Port-Daniel** ★ *(mi-mai à mi-oct; 8 km de la route 132 depuis Port-Daniel, ☎418-*

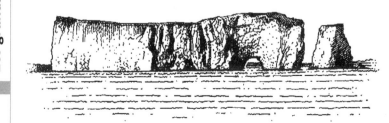

396-2789 en saison ou ☎418-396-2232 hors saison) présente un intérêt certain pour quiconque s'intéresse à la nature. Vous y trouverez une faune et une flore particulièrement riches. La réserve, d'une superficie de 57 km², est sillonnée de sentiers et parsemée de lacs et de chalets. Certains belvédères offrent de très belles vues.

 Poursuivez par la route 132 en direction de Bonaventure.

- -

Bonaventure
★

Le **Bioparc de la Gaspésie** *(12,50$; juin et sept tlj 9h à 17h, juil et août tlj 9h à 18h, le reste de l'année sur réservation; 123 rue des Vieux-Ponts, ☎418-534-1997 ou 866-534-1997, www.bioparc.ca)* est un lieu idéal à visiter en famille. À l'aide de présentations multimédias et de guides-interprètes, vous découvrirez avec ravissement les secrets des animaux vivant en Gaspésie tels que l'ours, le phoque, la loutre, le lynx et le caribou. Sur un parcours d'environ 1 km, on a recréé le milieu naturel où vivent ces animaux: la toundra, la rivière, le «barachois», la forêt et la baie. La visite dure deux heures.

Dans les environs de Bonaventure se trouvent la longue plage de Beaubassin. Une excursion facultative conduit au village de **Saint-Elzéar**, situé à l'intérieur des terres. On peut y voir le **Musée des cavernes** et la petite grotte de Saint-Elzéar.

La **grotte de Saint-Elzéar** *(37$, enfants de moins de 6 ans non admis; mi-juin à mi-oct tlj plusieurs départs par jour; 136 ch. Principal, St-Elzéar, ☎418-534-4335 ou 877-524-7688)* vous fera découvrir 500 000 années d'histoire gaspésienne. À travers ce voyage spéléologique, vous aurez l'occasion de visiter les deux plus grandes salles souterraines du Québec. Des vêtements chauds et une bonne paire de chaussures sont requis, car la température se maintient à 4°C.

 Poursuivez par la route 132 en direction de Nouvelle et de Causapscal.

Les grands parcs de la Gaspésie

Nouvelle

Le **parc national de Miguasha ★★** *(3,50$; début juin à fin août tlj 9h à 18h, début sept à mi-oct tlj 9h à 17h, hors saison lun-ven 8h30 à 12h et 13h à 16h30; l'entrée du parc se trouve à 6,5 km de Nouvelle,* ☎*418-794-2475 ou 800-665-6527, www. sepaq.com)* intéressera les amateurs de paléontologie mais aussi tous les visiteurs, car il s'agit d'un important site fossile, d'ailleurs reconnu depuis 1999 par l'UNESCO comme faisant partie du Patrimoine mondial. Le **Musée d'histoire naturelle** *(10$; début juin à mi-oct tlj 9h à 18h; mi-oct à début juin 8h30 à 12h et 13h à 16h30; 231 route Miguasha O.)* du parc expose les fossiles découverts dans les falaises environnantes qui constituaient le fond d'une lagune il y a 370 millions d'années. Les visites guidées s'avèrent passionnantes. Au laboratoire, vous découvrirez les méthodes employées pour dégager les fossiles et les identifier.

Causapscal

La berge de la rivière Causapscal constitue l'endroit rêvé pour observer plus de 200 saumons dans le site des **Marais** et dans la fosse des **Falls**, où l'on peut les voir travailler pour remonter les chutes. Deux sentiers d'interprétation et d'observation s'étalant sur 25 km sont aménagés pour accueillir les amateurs de plein air. Les deux sites se trouvent à environ 25 min de Causapscal et font partie de la **réserve faunique des rivières Matapédia et Patapédia** *(Corporation de gestion des rivières Matapédia et Patapédia; juin à août tlj 7h à 21h, hors saison tlj 8h30 à 12h et 13h à 16h; 53-B rue St-Jacques S., Causapscal,* ☎*418-756-6174 ou 888-730-6174, www.cgrmp.com).*

 Vous traverserez ensuite Mont-Joli, d'où vous bénéficierez d'un beau panorama du fleuve Saint-Laurent. La boucle est bouclée et le tour des parcs de la Gaspésie terminé.

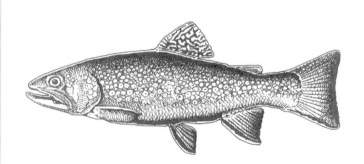

Les îles Sainte-Hélène et Notre-Dame

Lorsque Samuel de Champlain aborde l'île de Montréal en 1611, il trouve, en face, un petit archipel rocailleux. Il baptise la plus grande de ces îles du nom de son épouse, Hélène Boullé. L'île Sainte-Hélène est par la suite rattachée à la seigneurie de Longueuil. La baronne y fait ériger une maison de campagne entourée d'un jardin vers 1720. À noter qu'en 1760 l'île sera le dernier retranchement des troupes françaises en Nouvelle-France, sous le commandement du chevalier de Lévis.

L'importance stratégique des lieux est connue de l'armée britannique, qui aménage un fort dans la partie est de l'île au début du XIXᵉ siècle. La menace d'un conflit armé avec les Américains s'étant amenuisée, l'île Sainte-Hélène est louée à la Ville de Montréal par le gouvernement canadien en 1874. Elle devient alors un parc de détente relié au Vieux-Montréal par un service de traversier et, à partir de 1930, par le pont Jacques-Cartier.

Au début des années 1960, Montréal obtient l'Exposition universelle de 1967. On désire l'aménager sur un vaste site attrayant et situé à proximité du centre-ville. Un tel site n'existe pas. Il faut donc l'inventer de toutes pièces en doublant la superficie de l'île Sainte-Hélène et en créant l'île Notre-Dame à l'aide de la terre excavée des

tunnels du métro. D'avril à novembre 1967, 45 millions de visiteurs fouleront le sol des deux îles et de la Cité du Havre, qui constitue le point d'entrée du site. «L'Expo», comme l'appellent encore familièrement les Montréalais, fut plus qu'un ramassis d'objets hétéroclites. Ce fut le réveil de Montréal, son ouverture au monde et, pour ses visiteurs venus de partout, la découverte d'un nouvel art de vivre, celui de la minijupe, des réactés, de la télévision en couleurs, des hippies, du *flower power* et du rock revendicateur.

 L'itinéraire

Il n'est pas facile de se rendre du centre-ville à la Cité du Havre. Le

Les îles Sainte-Hélène et Notre-Dame

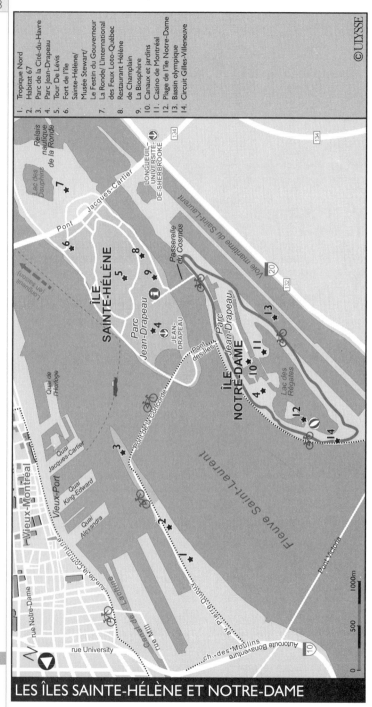

LES ÎLES SAINTE-HÉLÈNE ET NOTRE-DAME

1. Tropique Nord
2. Habitat 67
3. Parc de la Cité-du-Havre
4. Parc Jean-Drapeau
5. Tour De Lévis
6. Fort de l'Île
   Sainte-Hélène/
   Musée Stewart/
   Le Festin du Gouverneur
7. La Ronde/L'international
   des Feux Loto-Québec
   Restaurant Hélène
   de Champlain
8. La Biosphère
9. Canaux et jardins
10. Casino de Montréal
11. Plage de l'île Notre-Dame
12. Bassin olympique
13. Circuit Gilles-Villeneuve
14. Circuit Gilles-Villeneuve

© ULYSSE

meilleur moyen consiste à emprunter la rue Mill puis le chemin des Moulins, qui court sous l'autoroute Bonaventure jusqu'à l'avenue Pierre-Dupuy. Celle-ci conduit au pont de la Concorde, qui franchit un bras du fleuve Saint-Laurent pour atteindre les îles. On peut également s'y rendre avec l'autobus 168 à partir de la station de métro McGill.

À découvrir

Tropique Nord, **Habitat 67** et le **parc de la Cité-du-Havre** ★★ sont construits sur une pointe de terre créée pour les besoins du port de Montréal, qu'elle protège des courants et de la glace, et qui offre de beaux points de vue sur la ville et sur l'eau. À l'entrée se trouvent le siège de l'administration du port ainsi qu'un groupe d'édifices qui comprenait autrefois l'Expo-Théâtre et le Musée d'art contemporain. Un peu plus loin, on aperçoit la grande verrière de Tropique Nord, ce complexe d'habitation dont les appartements donnent sur l'extérieur, d'un côté, et sur un jardin tropical intérieur, de l'autre.

On reconnaît ensuite Habitat 67, cet ensemble résidentiel expérimental réalisé dans le cadre de l'Exposition universelle pour illustrer les techniques de préfabrication du béton et annoncer un nouvel art de vivre. Son architecte, Moshe Safdie, n'avait que 23 ans

au moment de l'élaboration des plans. Habitat 67 se présente tel un gigantesque assemblage de cubes contenant chacun une ou deux pièces. Les appartements d'Habitat 67 sont toujours aussi prisés et logent plusieurs personnalités québécoises. Plusieurs années après leur construction, ils n'ont de cesse de choquer ou de séduire les Montréalais.

Le parc de la Cité-du-Havre comprend 12 panneaux retraçant brièvement l'histoire du fleuve Saint-Laurent. La piste cyclable menant aux îles Notre-Dame et Sainte-Hélène passe tout près.

 Traversez le pont de la Concorde. Du printemps à l'automne, l'île Sainte-Hélène est également accessible par une navette fluviale depuis le Vieux-Port (5$; ☎514-281-8000).

Le **parc Jean-Drapeau** ★★ (☎514-872-6120, www.parcjeandrapeau.com; métro Jean-Drapeau) est aujourd'hui composé des îles Sainte-Hélène et Notre-Dame. À l'origine, le parc Hélène-de-Champlain avait une superficie de 50 ha. Les travaux d'Expo 67 l'ont portée à plus de 120 ha. La portion originale correspond au territoire surélevé et ponctué de rochers, composés d'une pierre d'un type particulier à l'île Sainte-Hélène appelée «brèche», une pierre très dure et ferreuse qui prend une teinte orangée avec le temps lorsqu'elle est exposée à l'air. En 1992, la portion ouest de l'île Sainte-Hélène a été réaménagée en un vaste amphithéâtre (le «parterre» du parc Jean-Drapeau) en plein air où sont présentés des spectacles à grand déploiement. Sur une belle place en bordure de la rive faisant

Les îles Sainte-Hélène et Notre-Dame

face à Montréal, on aperçoit *L'Homme*, important stabile d'Alexander Calder réalisé pour l'Expo 67.

Un peu plus loin, à proximité de l'entrée de la station de métro Jean-Drapeau, se dresse une œuvre de l'artiste mexicain Sebastián intitulée *La porte de l'amitié*. Cette sculpture, offerte à la Ville de Montréal par la Ville de Mexico en 1992, fut installée à cet emplacement trois ans plus tard pour commémorer la signature des accords de libre-échange entre le Canada, les États-Unis et le Mexique (ALENA).

 Empruntez les sentiers qui convergent vers le centre de l'île.

À l'orée du parc Hélène-de-Champlain original, on peut voir le Complexe aquatique de l'île Sainte-Hélène et ses trois piscines extérieures, reconstruites pour accueillir les XIe Championnats du monde FINA en 2005. Les piscines originales ont été aménagées pendant la crise des années 1930. L'île, au relief complexe, est dominée par la **tour De Lévis**, simple château d'eau aux allures de donjon érigé en 1936.

 Suivez les indications vers le fort de l'île Sainte-Hélène.

À la suite de la guerre de 1812 entre les États-Unis et la Grande-Bretagne, le **Fort de l'île Sainte-Hélène ★★** *(métro Jean-Drapeau)* est construit afin que l'on puisse défendre adéquatement Montréal si jamais un nouveau

conflit devait éclater. Les travaux effectués sous la supervision de l'ingénieur militaire Elias Walker Durnford sont achevés en 1825. L'ensemble en pierre de brèche se présente tel un *U* échancré entourant une place d'armes qui sert de nos jours de terrain de parade à la Compagnie Franche de la Marine et au 78e régiment des Fraser Highlanders. Ces deux régiments factices en costumes d'époque font revivre les traditions militaires françaises et écossaises du Canada, pour le grand plaisir des visiteurs. De la place d'armes, on bénéficie d'une belle vue sur le port et sur le pont Jacques-Cartier, inauguré en 1930, qui chevauche l'île et sépare le parc de verdure de La Ronde.

Le **Musée Stewart ★★** *(10$; mi-oct à fin mai mer-lun 10h à 17h, fin mai à mi-oct tlj 10h à 17h;* ☎*514-861-6701, www.stewart-museum.org; métro Jean-Drapeau)*, installé dans l'arsenal du fort, est voué à l'histoire de la découverte et de l'exploration du Nouveau Monde. On y présente un ensemble d'objets des siècles passés, parmi lesquels on retrouve d'intéressantes collections de cartes, d'armes à feu, d'instruments scientifiques et de navigation, rassemblées par l'industriel montréalais David Stewart et son épouse Liliane.

Le Festin du Gouverneur, un restaurant qui accueille principalement les groupes sur réservation, occupe les voûtes des anciennes casernes. On y recrée chaque soir l'ambiance d'un repas de fête à l'époque de la Nouvelle-France.

La Ronde ★ *(34$; mi-mai à fin oct;* ☎*514-397-2000, www.laronde.com; métro Jean-Drapeau et autobus 167)*, ce parc d'attractions aménagé à l'occasion de l'Exposition universelle de 1967 sur l'ancienne île Ronde, ouvre chaque été ses portes aux jeunes et aux moins jeunes. Pour les Montréalais, la visite annuelle à La Ronde est presque devenu un pèlerinage. **L'international des Feux Loto-Québec**, un concours international d'art pyrotechnique, s'y tient pendant les mois de juin et de juillet.

 Empruntez le chemin qui longe la côte sud de l'île en direction de la Biosphère.

Construit comme pavillon des sports en 1938, le **restaurant Hélène de Champlain** ★ rappelle, par son style inspiré de l'architecture de la Nouvelle-France, la maison d'été de la baronne de Longueuil, autrefois située dans les environs. Derrière le restaurant, une belle roseraie, créée à l'occasion de l'Expo 67, agrémente la vue des convives, alors qu'en face se trouve l'**ancien cimetière militaire** de la garnison britannique, stationnée sur l'île Sainte-Hélène de 1828 à 1870. La plupart des pierres tombales originales ont disparu. Un monument commémoratif installé en 1937 les remplace.

Bien peu de pavillons de l'Expo 67 ont survécu à l'usure du temps et aux changements de vocation des îles. L'un des rares survivants est l'ancien pavillon américain, qui représente un véritable monument à l'architecture moderne. Il s'agit du premier dôme géodésique complet à avoir dépassé le stade de la maquette. Son concepteur est le célèbre ingénieur Richard Buckminster Fuller (1895-1983).

La Biosphère ★★ *(9,78$; fin juin à mi-sept tlj 10h à 18h; mi-sept à fin juin lun, mer, jeu, ven 12h à 17h, sam-dim et jours fériés 10h à 17h;* ☎*514-283-5000; www.biosphere.ec.gc.ca; métro Jean-Drapeau)* de 80 m de diamètre, à structure tubulaire en aluminium, a malheureusement perdu son revêtement translucide en acrylique lors d'un incendie en 1976. Elle abrite de nos jours un centre d'observation environnementale portant sur le fleuve Saint-Laurent, les Grands Lacs et les différents écosystèmes canadiens. L'exposition permanente vise à sensibiliser le public dans les domaines du développement durable et de la conservation de l'eau en tant que ressource précieuse. On y trouve plusieurs salles interactives dotées d'écrans géants et de maquettes tactiles pour explorer tout en s'amusant.

 Traversez le pont du Cosmos pour vous rendre à l'île Notre-Dame.

L'**île Notre-Dame** est sortie des eaux du fleuve Saint-Laurent en l'espace de 10 mois, grâce aux 15 millions de tonnes de roc et de terre transportés sur le site depuis le chantier du métro. Com-

Les îles Sainte-Hélène et Notre-Dame

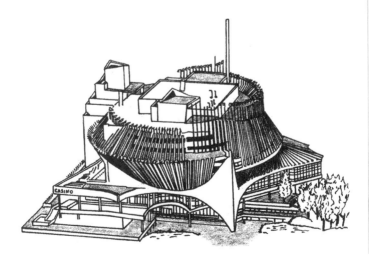

me il s'agit d'une île artificielle, on a pu lui donner une configuration fantaisiste en jouant autant avec la terre qu'avec l'eau. Ainsi l'île est traversée par d'agréables **canaux** et **jardins** ★★ *(métro Jean-Drapeau et autobus 167)*, aménagés à l'occasion des Floralies internationales de 1980. Il est possible de louer des embarcations pour sillonner les canaux.

Situé sur l'île Notre-Dame, construite de toutes pièces pour l'Expo 67, le **Casino de Montréal** ★ *(entrée libre; stationnement et vestiaire gratuits; tlj 24 heures sur 24; ☎514-392-2746 ou 800-665-2274; métro Jean-Drapeau et autobus 167)* est aménagé dans ce qui fut les pavillons de la France et du Québec lors de l'Exposition universelle de 1967. Dans le bâtiment principal, soit l'ancien **pavillon de la France** ★ conçu en aluminium par l'architecte Jean Faugeron, les galeries supérieures offrent une vue imprenable sur le centre-ville et le fleuve Saint-Laurent. Le bâtiment à l'allure d'une pyramide tronquée que l'on voit immédiatement à l'ouest est l'ancien **pavillon du Québec** ★.

Le visiteur trouvera au Casino de Montréal une gamme très variée de divertissements dans une atmosphère de fête: environ 15 000 personnes s'y rendent chaque jour. Ses 3 000 machines à sous et ses 120 tables de jeu en font l'un des 10 plus grands casinos au monde. L'établissement est aussi fréquenté pour ses bars et son cabaret, ainsi que pour ses restaurants, parmi lesquels figure **Nuances** classé parmi les meilleurs restaurants au Canada. Entrée réservée aux personnes de 18 ans et plus.

À proximité se trouve la **plage de l'île Notre-Dame** *(7,50$, 4,50$ après 16h; mi-juin à mi-août tlj 10h à 19h; ☎514-872-6120; métro Jean-Drapeau et autobus 167)*, qui

donne l'occasion aux Montréalais de se prélasser sur une vraie plage de sable, même au milieu du fleuve Saint-Laurent. Le système de filtration naturel permet de garder l'eau du petit lac intérieur propre, sans devoir employer d'additifs chimiques. Le nombre de baigneurs que la plage peut accueillir est cependant contrôlé afin de ne pas déstabiliser ce système.

D'autres équipements de sport et de loisir s'ajoutent à ceux déjà mentionnés, soit le **bassin olympique**, aménagé à l'occasion des Jeux olympiques de 1976, et le **circuit Gilles-Villeneuve** *(métro Jean-Drapeau et autobus 167)*, où l'on dispute chaque année le Grand Prix du Canada, course de Formule 1 faisant partie du circuit mondial, ainsi que, depuis 2002, la série Champ Car en course automobile.

Les îles Sainte-Hélène et Notre-Dame

Le lac des Deux Montagnes

L es Messieurs de Saint-Sulpice ont largement contribué au développement de cette portion des Laurentides dès le régime français. On y retrouve quelques témoins de l'époque seigneuriale en bordure du lac des Deux Montagnes, que longe près de la moitié du parcours. Les belles vues du lac, de même que les nombreux produits de la ferme proposés au bord de la route, constituent les principaux attraits de ce circuit qui représente une excursion d'une journée en zone agricole, à une demi-heure seulement de Montréal.

L'itinéraire

De Montréal, suivez l'autoroute 13 Nord. Prenez ensuite la sortie de la route 344 Ouest en direction de Saint-Eustache. La route 344 permet ensuite de poursuivre jusqu'à Deux-Montagnes, Sainte-Marthe-sur-le-Lac, Pointe-Calumet, Oka, Saint-André-d'Argenteuil et Carillon. On peut aussi explorer la région de Lachute en empruntant la route 327 au départ de Saint-André-d'Argenteuil.

À découvrir

Saint-Eustache

Saint-Eustache était au début du XIXe siècle une communauté agricole prospère ayant donné naissance à une certaine élite intellectuelle et politique canadienne-française. Cette élite a joué un grand rôle lors des rébellions des Patriotes de 1837-1838, faisant de Saint-Eustache l'un des principaux théâtres de ces événements tragiques. La ville est devenue, après 1960, l'une des composantes de la banlieue de Montréal.

L'**église Saint-Eustache** ★★ (&; *123 rue St-Louis*) est surtout remarquable par sa haute façade palladienne en pierre de taille, réalisée entre 1831 et 1836. La présence de deux clochers (tout comme à Saint-Denis-sur-Richelieu)

Le lac des Deux Montagnes

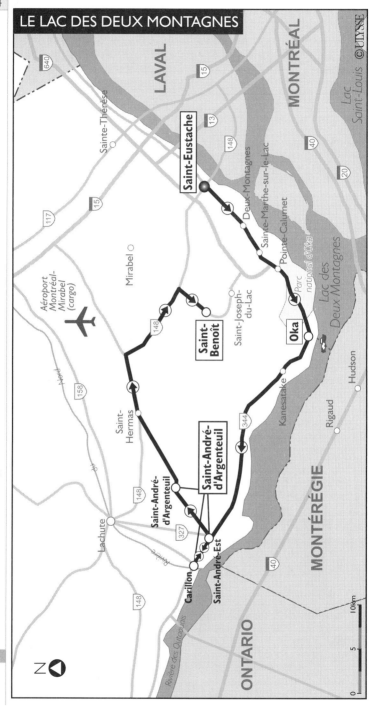

LE LAC DES DEUX MONTAGNES

témoigne de la prospérité de l'endroit dans les années précédant la rébellion des Patriotes. L'église porte encore les traces des durs combats qui eurent lieu en ses murs le 19 décembre 1837, alors que Jean-Olivier Chénier et 150 Patriotes s'enfermèrent dans l'édifice afin de résister aux troupes britanniques du général Colborne. Celui-ci fit bombarder l'église, dont il ne restera que les murs à la fin de la bataille. Il fit ensuite incendier la plupart des maisons du village. Saint-Eustache mettra plus de 30 ans à se relever de ce saccage. On l'aura deviné, l'église Saint-Eustache occupe une place privilégiée dans le cœur des Québécois.

 Empruntez la rue Saint-Eustache, qui s'inscrit dans l'axe de l'église, jusqu'au manoir Globensky.

Manoir Globensky *(5$ forfait découverte du manoir Globensky et du moulin Légaré; mar-dim 10h à 17h; 235 rue St-Eustache,* ☎*450-974-5170, www.moulinlegare. com).* Cette grande maison blanche était autrefois la propriété de Charles-Auguste-Maximilien Globensky, époux de l'héritière de la seigneurie de Saint-Eustache, Virginie Lambert Dumont. Même si sa construction en 1862 est postérieure à l'abolition de la tenure seigneuriale (1854), les habitants de la région l'ont toujours désignée sous l'appellation de «manoir». Les plans originaux d'Henri-Maurice Perrault ont été considérablement altérés lors de la transformation du bâtiment dans le goût colonial américain en 1930. Depuis cette date, elle rappelle davantage une maison de plantation de la Caroline du Sud qu'un manoir canadien-français. Le manoir Globensky abrite la Maison de la Culture et du Patrimoine de Saint-Eustache. Une exposition permanente y retrace la bataille des Patriotes de 1837.

Le carré de pierres du **moulin Légaré** *(5$ forfait découverte du manoir Globensky et du moulin Légaré; fin oct à début mai lun-ven 9h à 17h, mi-mai à mi-oct tlj 9h*

à 17h; 232 rue St-Eustache, ☎*450-974-5400, www.moulinlegare.com)* date de 1762. Des modifications apportées au début du XXᵉ siècle ont cependant enlevé un peu de caractère au bâtiment. Ce moulin à farine n'a jamais cessé de fonctionner, ce qui en ferait le plus ancien moulin mû par la force de l'eau encore en activité au Canada. Il est possible de le visiter et de se procurer sur place farines de blé et de sarrasin.

 L'**Exotarium** *(9,50$; juil et août tlj, sept à juin ven-dim 12h à 17h, juil et août tlj, fermé mi-déc à fin jan; 846 ch. Fresnière,* ☎*450-472-1827)* présente une petite collection de quelque 200 reptiles parmi lesquels figurent pythons, cobras et iguanes.

 Reprenez la route 344 Ouest. Le circuit traverse Deux-Montagnes, Sainte-Marthe-sur-le-Lac et Pointe-Calumet avant d'arriver à Oka.

- - - - - - - - - - - - - - - - - - - -

Oka
★

Les sulpiciens, tout comme les jésuites, ont établi des missions d'évangélisation des Amérindiens autour de Montréal. Les disciples d'Ignace de Loyola s'étant fixés définitivement à Kahnawake en 1716, ceux de Jean-

Jacques Olier firent de même en 1721, dans un très beau site en bordure du lac des Deux Montagnes appelé Oka, nom qui signifie «poisson doré». Oka est de nos jours un centre récréotouristique et une des composantes de la banlieue de Montréal.

Abbaye cistercienne d'Oka ★ *(1600 ch. d'Oka, ☎450-479-8361, www.abbayeoka. com)*. En 1881, quelques moines cisterciens quittent l'abbaye de Bellefontaine en France pour fonder une nouvelle abbaye en terre canadienne. Les sulpiciens, qui avaient déjà donné plusieurs morceaux de leurs vastes propriétés de Montréal à différentes communautés religieuses, concèdent un flanc de colline de leur seigneurie des Deux-Montagnes aux nouveaux arrivants. En quelques années, les moines font ériger l'abbaye d'Oka, aussi connue sous le nom de «la Trappe». La chapelle néoromane, au centre de l'abbaye, mérite aussi une petite visite.

Le **parc national d'Oka et son calvaire** ★ *(3,50$; entrée principale sur la route 344, ☎450-479-8365 ou 800-665-6527, www. sepaq.com)* proposent des sentiers de randonnée pédestre en été, et de ski de fond en hiver, totalisant 50 km. Le **sentier du Calvaire** (5,5 km) longe les stations du plus ancien calvaire des Amériques. Celui-ci fut aménagé par les sulpiciens en 1742 afin de stimuler la foi des Amérindiens nouvellement convertis au catholicisme.

 Une fois parvenu au centre d'Oka, tournez à gauche dans la rue L'Annonciation, qui mène à l'église et au quai, d'où vous bénéficierez d'une belle vue sur le lac des Deux Montagnes.

L'**église d'Oka** ★ *(181 rue des Anges)*, érigée en 1878 dans le style néoroman, a succédé à l'église de la mission des sulpiciens (1733), autrefois située sur le même emplacement, en face du lac. On peut y voir les toiles de

l'école française du XVIIIe siècle commandées à Paris par les Messieurs de Saint-Sulpice pour orner les stations du calvaire d'Oka (1742).

Sur la rue des Anges, non loin du quai et de l'église, se trouve le vieux manoir d'Argenteuil (fin du XVIIe siècle), résidence du seigneur Pierre d'Ailleboust de la seigneurie d'Argenteuil, voisine à l'ouest de celle des Deux-Montagnes.

 Poursuivez par la rue des Anges, puis tournez à droite dans la rue Sainte-Anne avant de reprendre la route 344 à gauche, en direction de Saint-André-d'Argenteuil.

On traverse alors la **pinède d'Oka**, plantée en 1886 afin de contrer l'érosion du sol sablonneux. C'est dans cette forêt de 50 000 pins que la tension fut la plus vive lors de la «crise d'Oka» en 1990, alors que la Sûreté du Québec puis l'Armée canadienne se sont frottées à la Société des guerriers (Warriors) de Kanesatake.

En marge du village de Saint-Placide, plus à l'ouest, on aperçoit la **maison Routhier** *(3320 route 344)*, où a vécu, dans sa jeunesse, l'auteur des paroles de l'hymne national canadien, Basile Routhier.

En 1999, Saint-André-Est, Carillon, ainsi que la paroisse Saint-André-d'Argenteuil, ont fusionné pour devenir la municipalité de Saint-André-d'Argenteuil.

Saint-André-d'Argenteuil

John Johnson, originaire de l'État de New York, fit l'acquisition de la seigneurie d'Argenteuil au début du XIXe siècle, attirant à Saint-André plusieurs compatriotes qui partageaient une même fidélité à la couronne d'Angleterre. Les résidences cossues de ce village rappellent d'ailleurs le style architectural américain. Elles côtoient une série de petites églises de dénominations diverses, dont l'**église anglicane Christ Church** *(rue du Long-Sault)*, soutenue par le seigneur Johnson, qui pourrait bien être le premier édifice d'inspiration néogothique à avoir été érigé au Québec (1819-1821). Le charmant village loyaliste de Saint-André-d'Argenteuil s'inscrit dans un cadre bucolique en bordure de la rivière du Nord.

Tournez à gauche dans la rue Saint-André en direction du secteur de Carillon (route 344).

Chargés de défendre la colonie contre les attaques des tribus amérindiennes alliées des Hollandais puis des Anglais, Dollard des Ormeaux et 17 compagnons d'infortune périrent à Carillon dans une embuscade iroquoise en 1660. Ce sacrifice évitera toutefois que Montréal ne tombe aux mains des Iroquois. Une plaque et un monument commémorent cet épisode sanglant des débuts de la Nouvelle-France. Longtemps appelé le «Long-Sault», Carillon est un paisible village qui s'est peuplé de loyalistes au début du XIXe siècle. On y trouve un barrage hydroélectrique, de même qu'un

vaste parc pourvu d'une agréable aire de pique-nique.

Lieu historique national du Canal-de-Carillon *(1,50$; mi-mai à mi-oct tlj; 210 rue du Barrage, ☎450-447-4888 ou 800-463-6769, www.pc.gc.ca).* Sur le canal de Carillon, une écluse permet à des milliers d'embarcations de plaisance de franchir une dénivellation de près de 24 m en 45 min seulement. À elle seule, cette gigantesque écluse remplace un ancien système de navigation qui comptait trois canaux et 11 écluses. Dans la maison du percepteur, une exposition traite de l'histoire de la canalisation en Outaouais et du commerce du bois. De plus, les vestiges des anciens systèmes de canalisation sont toujours présents aux abords de cette ancienne demeure.

Le **Musée régional d'Argenteuil** *(3$; début juin à début oct mar-dim 10h30 à 17h, début oct à mi-déc et début mars à début juin mar-sam 10h30 à 17h; 44 route du Long-Sault, ☎450-537-3861, www.colba. net/~museearg/)* présente des objets anciens de la région, de même qu'une collection de costumes du XIXe siècle. Le musée est installé dans un bel édifice en pierres de tradition georgienne, construit en 1836 pour servir d'auberge. Dès l'année suivante, il fut cependant converti en caserne militaire pour héberger les troupes britanniques, venues mater la rébellion des Patriotes dans la région de Saint-Benoît.

 Revenez à Saint-André-d'Argenteuil. Tournez à droite pour suivre la route 344 Est, puis presque immédiatement à gauche pour vous engager sur la petite route qui longe la rivière Saint-André jusqu'à Saint-Hermas. Vous accéderez ainsi à une vallée fertile comprise entre les contreforts des Laurentides, au nord, et les collines bordant le lac des Deux Montagnes, au sud. Toute cette région gravitant autour de l'aéroport de Montréal-Mirabel, formée de 14 villages et paroisses, fut regroupée sous le nom de «Mirabel». De Saint-Hermas, gagnez Saint-Benoît par les routes de campagne (rangs).

Saint-Benoît (Mirabel)

Un des principaux foyers de contestation lors de la rébellion de 1837, Saint-Benoît fut complètement détruit par les troupes britanniques du général Colborne l'année suivante. L'église, dotée d'une magnifique façade baro-que en pierres de taille, fut anéantie, et toutes les maisons furent incendiées. Saint-Benoît s'est reconstruit lentement, mais n'a jamais retrouvé la prospérité d'antan. C'est de nos jours un village agricole typique de la région de Montréal.

 Quittez Saint-Benoît en direction de Saint-Joseph-du-Lac.

Cette portion du circuit se trouve au cœur de l'une des principales régions de pomiculture du Québec. En automne, les Montréalais viennent y cueillir eux-mêmes leurs pommes dans un des nombreux vergers où on les invite à le faire, moyennant de légers frais. De multiples produits de la ferme et autres sont également proposés en toute saison (canards, faisans, lapins, tartes, sucre d'érable, etc). Du parvis de l'église de Saint-Joseph-du-Lac, on aperçoit le mât du Stade olympique de Montréal par temps clair.

 Pour regagner Montréal, empruntez l'autoroute 640 Est, puis l'autoroute 13 Sud et enfin l'autoroute 20 Est.

Le lac des Deux Montagnes

Les lacs des Cantons-de-l'Est

Un trajet sinueux autour des trois lacs les plus courus des Cantons-de-l'Est, les lacs Brome, Memphrémagog et Massawippi, définit ce circuit aux multiples panoramas, aux villages plus coquets les uns que les autres et aux auberges chaleureuses dont le style n'est pas sans rappeler celles de la Nouvelle-Angleterre. Ce circuit est idéal pour s'offrir un séjour pas trop loin de Montréal, pendant lequel on pourra pratiquer différents sports nautiques et faire de l'escalade ou des randonnées en forêt pendant l'été, et du ski ou de la raquette en hiver.

 L'itinéraire

De Montréal, empruntez l'autoroute des Cantons-de-l'Est (autoroute 10) jusqu'à la sortie 90. Suivez ensuite la route 243 vers le sud. À Knowlton, la route 104 mène à l'intersection avec la route 215, que vous prendrez à gauche vers Brome et Sutton. D'ici, en suivant la route 139 puis la route 243, vous atteindrez Bolton Sud, d'où vous pourrez vous rendre à Saint-Benoît-du-Lac par la route 245. En faisant le tour du lac Memphrémagog tout en contournant sa pointe nord pour suivre la route 247, vous vous retrouverez à Rock Island. La dernière portion de ce circuit se fait par la route 143, avec un crochet par la route 141 pour Coaticook puis par la route 208 jusqu'à Sherbrooke.

À découvrir

Knowlton
★ ★

Voilà ce que l'on entend par une impression de Nouvelle-Angleterre. Ce petit village d'estivants fortunés qui se marie admirablement au paysage abrite quelques boutiques et restau-

 Les lacs des Cantons-de-l'Est

Les lacs des Cantons-de-l'Est

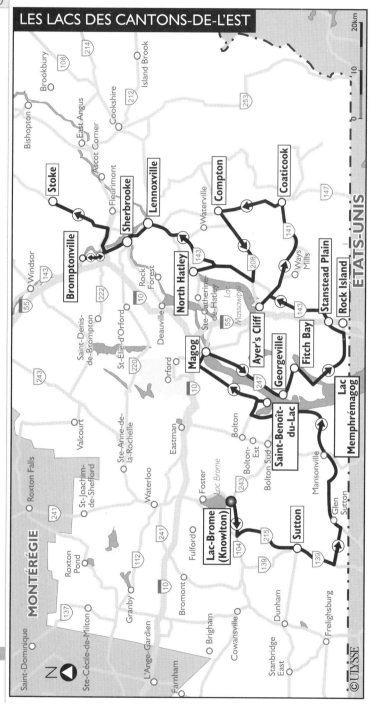

LES LACS DES CANTONS-DE-L'EST

rants mignons qui viennent agrémenter la balade du visiteur.

Le **lac Brome** ★, de forme circulaire, est populaire auprès des amateurs de planche à voile, qui bénéficient d'une aire de stationnement et d'une petite plage en bordure de la route près de Knowlton.

Le **Musée du comté de Brome** ★ *(5$; mi-mai à mi-sept lun-sam 10h à 16h30, dim 11h à 16h30, hors saison sur réservation; 130 ch. Lakeside, ☎450-243-6782)*, réparti dans cinq bâtiments loyalistes, raconte l'histoire et la vie des gens de la région. On y trouve, outre les habituelles collections de meubles et de photographies, un magasin général reconstitué, une cour de justice du XIXᵉ siècle et, chose plus rare, une intéressante collection militaire dont fait partie un avion de la Première Guerre mondiale.

 Le fameux «canard du Lac Brome» est en fait un canard d'élevage, malgré sa réputation déjà acquise. Au lieu de passer leurs journées à se prélasser sur le lac, les canards sont élevés par milliers (1,7 million par année) dans des poulaillers aux abords du centre du village. Pour vous procurer de la saucisse, du foie gras, du confit ou un oiseau frais, rendez-vous aux **Canards du Lac Brome** *(lun-ven 8h à 17h, sam-dim 10h à 17h; 40 ch. Centre, ☎450-242-3825, www.canardsdulacbrome.com)*.

 Au bout du chemin Lakeside, prenez la route 104 Ouest à droite, puis la route 215 Sud à gauche en direction de Brome et de Sutton Junction pour rejoindre Sutton.

Sutton
★

Une des principales stations de sports d'hiver de la région, la ville de Sutton est située en contrebas du mont du même nom. On trouve aussi dans la région quelques terrains de golf bien aménagés pour combler les sportifs pendant l'été. Parmi les églises de Sutton, on remarquera plus particulièrement la **Grace Anglican Church**, en pierre, de style néogothique et érigée en 1850. Son clocher a malheureusement perdu son ouverture en ogive.

 Avez-vous remarqué que, de nos jours, tous les bons chocolatiers tentent de transformer ce qui jadis était une expérience sensuelle en une séance éducative? Pourquoi pas! À la **Chocolaterie Belge Muriel** *(8 rue Principale S., ☎450-538-0139)*, Norka et Marc créent avec leur chocolat de véritables œuvres d'art, comme des coffrets en marqueterie qui sont trop belles pour être croquées. Démonstrations gratuites *(mi-juin à fin oct, ven-dim 13h30)*.

Les lacs des Cantons-de-l'Est

Empruntez la route 139 Sud en direction du minuscule hameau d'Abercorn, situé à moins de 3 km de la frontière canado-américaine (État du Vermont). De là, prenez à gauche la route secondaire qui suit le creux de la très belle vallée de la rivière Missisquoi et traverse Glen Sutton et Highwater. A Mansonville, empruntez le chemin de terre qui remonte vers Bolton et Saint-Benoît-du-Lac.

Le lac Memphrémagog
★ ★

Long de 44,5 km, mais d'une largeur variant entre seulement un et deux kilomètres, le lac Memphrémagog n'est pas sans rappeler les lochs écossais. Il possède même son propre monstre marin, baptisé *Memphré*, que plusieurs jurent avoir aperçu depuis 1798 (eh oui!). La portion sud du lac, non visible depuis Magog, à son extrémité nord, est située aux États-Unis. Le nom du lac vient de la langue abénaquise (il signifie «au lac vaste»), tout

comme celui du lac Massawippi et de la rivière Missisquoi. Les amateurs de voile y seront au paradis, puisqu'il s'agit de l'un des meilleurs endroits pour pratiquer ce sport au Québec.

 Prenez la route d'Austin à droite et le chemin Fisher, encore à droite, lequel conduit à l'abbaye de Saint-Benoît-du-Lac.

Saint-Benoît-du-Lac
★ ★

Le territoire de cette municipalité correspond exclusivement au domaine de l'**abbaye de Saint-Benoît-du-Lac**, fondée en 1912 par des moines bénédictins chassés de leur abbaye de Saint-Wandrille, en Normandie. L'ensemble comprend le monastère, l'hôtellerie, la chapelle abbatiale et les bâtiments de ferme. Seuls quelques corridors de même que la chapelle sont accessibles au public. On ne manquera pas d'écouter le chant grégorien pendant les vêpres, à 17h tous les jours de la semaine.

L'hôtellerie accueille séparément hommes et femmes qui désirent se recueillir pendant quelque temps. De plus, les moines font l'élevage de bovins charolais et exploitent deux vergers (production de cidre) ainsi qu'une fromagerie (fromages l'Ermite et Mont Saint-Benoît). Rendez-vous à la boutique, au sous-sol du bâtiment principal, où vous trouverez une dizaine d'excellents fromages et de produits dérivés de la pomme, tels le cidre, le vinaigre et les sauces qui n'ont rien à envier aux produits maison *(lun-sam 9h à 10h45 et 11h50 à 16h30, fin juin à début sept jusqu'à 18h;* ☎*819-843-4080, www.st-benoit-du-lac.com).*

 Prenez la route qui conduit à Magog à droite. Entre les maisons, on bénéficie de beaux points de vue sur le lac et l'abbaye. Prenez la route 112 encore à droite.

Magog ★

Principal centre de services entre Granby et Sherbrooke, Magog est une ville qui a beaucoup à offrir aux amateurs de sport. Elle occupe un site admirable à l'extrémité nord du lac Memphrémagog. L'industrie textile, qui occupait autrefois une grande place dans la vie des habitants, a beaucoup diminué au profit du tourisme. La rue Principale, bordée de boutiques et de restaurants, est agréable à parcourir à pied.

Le **parc national du Mont-Orford ★★** *(3,50$; 3321 ch. du Parc, Canton d'Orford,* ☎*819-843-9855 ou 800-665-6527, www. sepaq.com)* couvre près de 60 km² et comprend, en plus du mont Orford, les abords des lacs Stukely et Fraser. En été, il dispose de deux plages, d'un magnifique terrain de golf *(comptez 30$ environ pour un parcours)* et de quelque 50 km de sentiers de randonnée pédestre. En outre, le parc s'adapte aux besoins des amateurs de sports d'hiver et propose des sentiers de ski de fond ainsi que 33 pistes de ski alpin.

 Empruntez la route 247 Sud, qui longe la rive est du lac Memphrémagog, en direction de Georgeville.

Georgeville
★

C'est au milieu des paysages ondulés de Georgeville, synonymes de douces vacances, que fut tourné en grande partie *Le Déclin de l'Empire américain* du cinéaste Denys Arcand. Le petit village de Georgeville est depuis longtemps un lieu de villégiature où les vieilles familles anglo-saxonnes aiment se retrouver. Les Molson, par exemple, possèdent une île dans les environs. On ne manquera pas de se rendre jusqu'au quai, d'où l'on jouit d'une belle vue sur l'abbaye de Saint-Benoît-du-Lac.

Fitch Bay

En poursuivant par la route 247, on atteint le vieux **pont couvert Narrows** *(prenez le chemin Merrill à droite au deuxième embranchement, puis tournez à gauche dans le chemin Ridgewood)*. Les ponts couverts coûtaient plus cher à construire, mais duraient beaucoup plus longtemps en raison de la protection qu'ils offraient contre le vieillissement; aussi en existe-t-il plusieurs au Québec. Franchissant la baie Fitch, ce pont d'une longueur de 28 m fut bâti en 1881. Juste à côté, on aperçoit un petit parc où l'on trouve des tables de pique-nique.

Rock Island
★

Chevauchant la frontière canado-américaine, Rock Island est l'un des plus étranges villages qu'il soit donné de voir au Québec. En se promenant sur tel ou tel bout de rue, on est tantôt aux États-Unis, tantôt au Canada. Des affiches en français, on passe soudainement aux écriteaux en anglais. Au bout d'un mât planté sur la pelouse d'un habitant de Rock Island flotte l'unifolié canadien, alors que, chez son voisin immédiat, le *Stars and Stripes* américain se déploie dans un esprit patriotique mais pacifique. Plusieurs beaux bâtiments de pierres, de briques et de bois font de Rock Island un endroit agréable à visiter à pied.

L'édifice de l'**Opéra-bibliothèque Haskell ★** *(93 av. Caswell)*, connu officiellement sous le nom de Haskell Free Library and Opera House, est à la fois une bibliothèque et une salle de spectacle. Il fut érigé à cheval sur la frontière canado-américaine afin de symboliser l'amitié entre les deux pays. L'architecte James Ball s'est inspiré de l'opéra de Boston, aujourd'hui disparu, pour concevoir ce monument inauguré en 1904. Une ligne noire traversant en diagonale l'intérieur de l'édifice indique l'emplacement exact de la frontière qui correspond au 45e parallèle.

 Remontez vers Stanstead Plain par la route 143 Nord (rue Main, puis rue Dufferin).

Stanstead Plain
★

Stanstead Plain, communauté prospère, regroupe quelques-unes des plus belles maisons des Cantons-de-l'Est. On remarquera plus particulièrement la **maison Butters**, de style néo-Renaissance dans le genre des villas toscanes (1866), ainsi que la maison Colby, décrite ci-dessous. Le **collège de Stanstead** (1930), le **couvent des Ursulines** – institution inusitée dans la région – de même que les églises méthodiste et anglicane méritent que l'on s'y attarde.

Le **Musée Colby-Curtis ★** *(5$; mer-ven 10h à 12h et 13h à 17h, sam-dim 12h30 à 16h30; 535 rue Dufferin,* ☎ *819-876-7322, www.colbycurtis.ca)* est aménagé dans la maison Colby, laquelle a conservé la totalité de son mobilier d'origine. Il constitue un témoignage éloquent de la vie bourgeoise de la région dans la seconde moitié du XIXe siècle. La demeure, revêtue de granit gris, a été construite en 1859 par Charles Carroll Colby et baptisée par la suite *Carroll-croft*.

 Poursuivez par la route 143 Nord, puis prenez à gauche en direction d'Ayer's Cliff (route 141).

Les lacs des Cantons-de-l'Est

Ayer's Cliff

Lieu de villégiature, Ayer's Cliff renferme un important centre équestre. On y tient également, à la fin de l'été, une foire agricole régionale qui attire de plus en plus de Montréalais. Il est recommandé de poursuivre par la route 141 pendant quelques kilomètres vers l'ouest afin de contempler la portion sud du lac Massawippi, avant de revenir sur ses pas pour reprendre la route 143 en direction de North Hatley.

 Une excursion facultative en direction de Coaticook et de Compton est possible en choisissant plutôt de poursuivre par la route 141 vers l'est.

Coaticook

Coaticook, mot d'origine abénaquise signifiant «rivière de la terre du pin», est une petite ville industrielle. Elle est entourée de nombreuses fermes laitières qui en font le bassin laitier du Québec.

Le **Parc de la Gorge de Coaticook ★** *(prix variable selon l'activité; début mai à fin juin tlj 10h à 17h; fin juin à début sept tlj 9h à 20h; début sept à fin oct tlj 10h à 17h; nov à mai jeu-ven 18h à 21h, sam 13h à 16h et 18h à 21h, dim 11h à 17h; 135 rue Michaud ou 400 rue St-Marc, Coaticook,* ☎*819-849-2331 ou 888-524-6743, www. gorgedecoaticook.qc.ca)* protège une portion de la rivière Coaticook où elle a creusé dans le roc une gorge impressionnante qui atteint par endroits jusqu'à 50 m de profondeur. Des sentiers sillonnent sur tout le territoire, permettant au visiteur d'apprécier la gorge sous tous ses aspects. Plus long pont suspendu pour piétons au monde, la passerelle, qui a réussi à en faire frissonner plus d'un, traverse la gorge tout en la surplombant.

 Remontez vers Compton par la route 147 Nord.

Compton

Le principal attrait de Compton est la maison natale de Louis-Stephen Saint-Laurent, premier ministre du Canada de 1948 à 1957, surtout connu pour avoir contribué à la fondation de l'OTAN. On retrouve aussi plusieurs vergers dans ce secteur.

Le **Lieu historique national Louis-S.-Saint-Laurent** *(4$; mi-mai à fin août tlj 10h à 17h, fin août à fin sept tlj 10h à 12h et 13h à 17h, fin sept à mi-oct sam-dim 10h à 12h et 13h à 17h; 6790 route Louis-S.-St-Laurent,* ☎*819-835-5448 ou 800-463-6769, www.pc.gc.ca)* célèbre la mémoire de l'ancien premier ministre canadien. Les marchandises du magasin général du père de l'ancien premier ministre offrent un aperçu de la ruralité du début du XXᵉ siècle. Les visiteurs peuvent aussi entendre des bribes de conversation autour du poêle et assister à un spectacle multimédia qui évoque les principaux faits d'armes de la vie de Louis S. Saint-Laurent et les grands événements de l'histoire canadienne et mondiale. La visite de la maison familiale permet de découvrir un mode de vie aujourd'hui disparu et d'admirer plus de 2 500 objets ayant appartenu à la famille Saint-Laurent.

 Revenez au circuit principal en empruntant la route 208 jusqu'à Massawippi. Prenez la route 143 à droite en direction de North Hatley.

Les lacs des Cantons-de-l'Est

North Hatley
★ ★

Les paysages enchanteurs de North Hatley ont eu tôt fait d'attirer les riches américains en villégiature dans la région, qui s'y sont fait construire de luxueuses villas entre 1890 et 1930. La plupart d'entre elles bordent toujours la portion nord du lac Massawippi, qui, à l'instar du lac Memphrémagog, rappelle un loch écossais. De belles auberges et des restaurants gastronomiques contribuent au charme de l'endroit, lui assurant la réputation d'un lieu de villégiature des plus raffinés.

Le **Manoir Hovey** ★ *(575 ch. Hovey)*, grande villa construite en 1900 sur le modèle de *Mount Vernon*, résidence de George Washington en Virginie, était autrefois la demeure estivale de l'Américain Henry Atkinson, qui recevait chez lui chaque été artistes et politiciens de son pays. La maison sert de nos jours d'auberge.

 Reprenez la route 108 vers Lennoxville.

Ancienne mine de cuivre, la **Mine Capelton** *(20,50$, incluant tout l'équipement nécessaire à la visite; réservations requises; 800 route 108, ☎819-346-9545, www.minescapelton.com)* fut, vers les années 1880, l'un des complexes miniers les plus imposants et les plus avancés technologiquement du Canada, voire du Commonwealth. Creusée à main d'homme, elle s'enfonce jusqu'à 135 m sous la surface de la montagne Capel. En plus de son intérêt géologique tout à fait fascinant, la visite, d'une durée d'environ deux heures, se veut un contact exceptionnel avec la vie des mineurs et la première révolution industrielle.

Lennoxville
★

Lennoxville, une petite ville encore majoritairement anglophone et aujourd'hui fusionnée à Sherbrooke, se distingue par la présence des prestigieuses maisons d'éducation de langue anglaise que sont l'université Bishop et le Bishop's College. Il faut quitter la route principale (route 143) et parcourir les rues secondaires pour découvrir les bâtiments institutionnels, de même que les belles maisons Second Empire et Queen Anne cachées dans la verdure.

Une des trois universités de langue anglaise au Québec, l'**université Bishop** ★ *(ch. du Collège)* est une petite institution offrant un enseignement personnalisé, dans un cadre enchanteur, à quelque 1 300 étudiants provenant de tous les coins du Canada. Elle a été fondée en 1843 à l'instigation du pasteur Lucius Doolittle. À l'arrivée, on aperçoit le **McGreer Hall**, élevé en 1876 selon les plans de l'architecte James Nelson, puis modifié pour lui donner un air médiéval par les architectes Taylor et Gordon de Montréal. La **chapelle anglicane St. Mark**, érigée à sa gauche, a été reconstruite en 1891 à la suite d'un incendie. Son intérieur, long et étroit, comporte de belles boiseries en chêne ainsi que des vitraux réalisés par la maison Spence & Sons de Montréal.

 Revenez à la route 143 en direction de Sherbrooke.

Sherbrooke
★ ★

Principale agglomération de la région, Sherbrooke est surnommée la «reine

des Cantons-de-l'Est». Elle est implantée sur une série de collines de part et d'autre de la rivière Saint-François, ce qui accentue son aspect désordonné. Malgré sa vocation plutôt industrielle, la ville possède plusieurs bâtiments d'intérêt, pour la plupart concentrés sur la rive ouest. Bien qu'elle porte un nom anglais, en l'honneur de Sir John Coape Sherbrooke, gouverneur de l'Amérique du Nord britannique à l'époque de sa fondation, elle est depuis longtemps à forte majorité francophone (95%).

 La route 143 débouche sur la rue Queen, dans les limites de Sherbrooke. Il est recommandé de garer sa voiture dans la rue Wellington, prolongement de la rue Queen, pour effectuer le reste de la visite de la ville à pied.

L'**hôtel de ville** ★ *(191 rue du Palais)* occupe l'ancien palais de justice (le troisième) construit en 1904. L'édifice de granit, conçu par l'architecte en chef du département des Travaux publics, Elzéar Charest, témoigne de l'influence du style Second Empire au Québec grâce à sa connotation française. On y reconnaît les arcs segmentaires, les pavillons d'angles coiffés de hautes toitures à crêtes ainsi que les œils-de-bœuf, typiques du style. Le jardin qui s'étale devant l'hôtel de ville, baptisé «square Strathcona», a été aménagé sur le site de la place du marché qui a

contribué au développement de Sherbrooke à ses débuts.

 Rendez-vous à la rue Frontenac, prenez-la à gauche et marchez jusqu'au Musée de la nature et des sciences.

Créé pour promouvoir une mission d'éveil aux sciences naturelles, le Musée du Séminaire de Sherbrooke a vu le jour en 1879 au cœur d'une institution scolaire sherbrookoise. Quelque 125 ans plus tard, le **Musée de la nature et des sciences** ★★ *(7,50$; fin juin à début sept tlj 10h à 17h, début sept à fin juin mer-dim 10h à 17h; 225 rue Frontenac,* ☎*819-564-3200, www.mnes.qc.ca)* a pris la relève dans un nouvel établissement de 10 millions de dollars. En plus de présenter des expositions temporaires ainsi qu'une exposition permanente qui explique le cycle annuel des saisons dans le sud du Québec, le musée possède une collection de 65 000 objets amassés par les prêtres du Séminaire.

 Reprenez la rue Frontenac vers l'est jusqu'à la rue Dufferin, où vous tournerez à gauche.

Importante institution financière du XIXe siècle, aujourd'hui amalgamée à la banque CIBC, l'ancienne **Eastern Townships Bank** ★★ *(241 rue Dufferin)* fut créée par la bourgeoisie des Cantons-de-l'Est, incapable d'obtenir du financement des banques montréa-

Les lacs des Cantons-de-l'Est

laises pour le développement de projets locaux. Son siège sherbrookois fut érigé en 1877 selon les plans de l'architecte James Nelson de Montréal, qui travaillait alors à l'édification des bâtiments de l'université Bishop. À la suite d'un don de la banque CIBC et des multiples travaux de rénovation favorisant la conservation des œuvres, l'édifice abrite, depuis le milieu des années 1990, le **Musée des beaux-arts de Sherbrooke** *(6$; mar-dim 12h à 17h, fin juin à début sept mar-dim 10h à 17h; 241 rue Dufferin, ☎819-821-2115, www. mbas.qc.ca)*. Outre son énorme collection d'art naïf, le musée présente des œuvres contemporaines des artistes de la région.

L'**ancien bureau de poste** *(275 rue Dufferin)* voisin, édifié en 1885 selon les plans de l'architecte François-Xavier Berlinguet, forme avec la banque un ensemble d'une grande richesse architecturale. Il loge en outre le **Centre d'interprétation de l'histoire de Sherbrooke** *(6$; mar-ven 9h à 12h et 13h à 17h, sam-dim 13h à 17h; juil et août mar-ven 9h à 17h, sam-dim 10h à 17h; ☎819-821-5406, http://shs.ville.sherbrooke.qc.ca)*, qui, en plus de disposer de deux salles d'exposition, organise des circuits permettant de se familiariser avec l'architecture et l'histoire de la ville.

L'**église unie Plymouth-Trinity** *(380 rue Dufferin)*, que l'on dirait tout droit sortie d'un village de Nouvelle-Angle-terre, tant par son gabarit que par ses matériaux (briques rouges, bois peint en blanc), a été dessinée en 1851 par William Footner, également architecte du second palais de justice de Sherbrooke.

 Poursuivez en direction du parc Mitchell.

Quartier du parc Mitchell ★★. Autour du parc, agrémenté d'une fontaine du sculpteur George Hill (1921), se trouvent certaines des plus belles maisons de Sherbrooke. Au numéro 428 de la rue Dufferin s'élève la **maison Morey** *(on ne visite pas)*, représentative de cette architecture victorienne bourgeoise qu'affectionnaient les marchands et les industriels originaires des îles Britanniques ou des États-Unis. Elle a été construite en 1873.

 Faites le tour du parc, puis empruntez la rue de Montréal. Tournez à gauche dans la rue William.

Situé dans l'axe de la rue Court, l'**ancien palais de justice ★** *(rue William)*, le second de Sherbrooke, a été converti en manège militaire pour le régiment des Sherbrooke Hussards à la fin du XIXe siècle. L'édifice, construit en 1839 selon les plans de William Footner, comporte une belle façade néoclassique qui n'est pas sans rappeler celle du marché Bonsecours de Montréal, du même architecte.

 Revenez à la rue Dufferin en empruntant la rue Bank. Prenez à droite, et montez la côte de la rue Marquette en direction de la cathédrale.

Vue d'une certaine distance, la **basilique-cathédrale Saint-Michel** *(130 rue de la Cathédrale, angle rue Marquette, ☎819-563-9934)* présente l'aspect des églises abbatiales d'Europe juchées sur un promontoire, donnant à Sherbrooke un air médiéval qui contraste avec son passé néoclassique. De près, cependant, on constate qu'il s'agit d'une église fort récente et incomplète. Entreprise par l'architecte Louis-Napoléon Audet en 1917, la cathédrale néogothique ne sera finalement consacrée qu'en 1958. Son intérieur entièrement blanc renferme des œuvres modernes, entre autres une belle statue de la Vierge exécutée par Sylvia Daoust. Le vaste palais épiscopal voisin, siège de l'archevêché de Sherbrooke, a fait pâlir d'envie plus d'un ecclésiastique.

 Poursuivez par la rue Marquette en direction de la rue Belvédère Nord, où se trouve l'ancienne filature Paton.

À l'instar de plusieurs villes de Nouvelle-Angleterre, Sherbrooke possédait autrefois une importante industrie textile, mise en place dans la seconde moitié du XIXe siècle. La **filature Paton** ★ *(à l'extrémité de la rue Marquette)* était la plus importante des usines textiles de la région. Ouverte en 1866, elle a fonctionné jusqu'en 1977. Cette année-là, on envisagea sa démolition. Cependant, après quelques visites outre-frontière, notamment à Lowell, Massachussetts, où plusieurs de ces complexes industriels ont été recyclés en habitations et en commerces, la municipalité décida de conserver plusieurs des bâtiments pour créer un ensemble multifonctionnel. La Paton est aujourd'hui un modèle de conservation du patrimoine industriel et de réaménagement de tels espaces, en plus de constituer un nouveau pôle de développement au centre-ville de Sherbrooke.

 Une excursion facultative mène à deux attraits qu'on ne peut passer sous silence. Du centre-ville de Sherbrooke, prenez la rue King vers l'est. Tournez à gauche dans le boulevard Saint-François, puis empruntez le chemin Beauvoir.

Bromptonville

Juché sur une montagne, le paisible **Sanctuaire de Beauvoir** *(entrée libre; 169 ch. Beauvoir,* ☎*819-569-2535, www.sanctuairedebeauvoir.qc.ca)* offre, outre ses multiples sentiers permettant les promenades contemplatives, une très belle vue sur les environs de Sherbrooke. Le sanctuaire est situé à Bromptonville, aujourd'hui fusionnée à la ville de Sherbrooke.

 Suivez le chemin Beauvoir, puis empruntez l'autoroute 10 vers l'est pour aller prendre la route 216 Nord jusqu'à Stoke.

Stoke

 Le centre d'interprétation de l'abeille de la **Ferme Lune de Miel** *(5$; visites guidées tlj début mai à début nov 10h à 16h, début nov à fin avr 10h à 14h; 252 rang 3 E.,* ☎*819-346-2558, www.fermelunedemiel.com)* révèle tous les secrets de l'apiculture. Durant la visite d'une heure, vous pourrez voir les impressionnantes créatures à l'œuvre dans la ruche géante et déguster différents miels.

 Pour retourner à Montréal, reprenez l'autoroute 10 vers l'ouest.

Les lacs des Cantons-de-l'Est

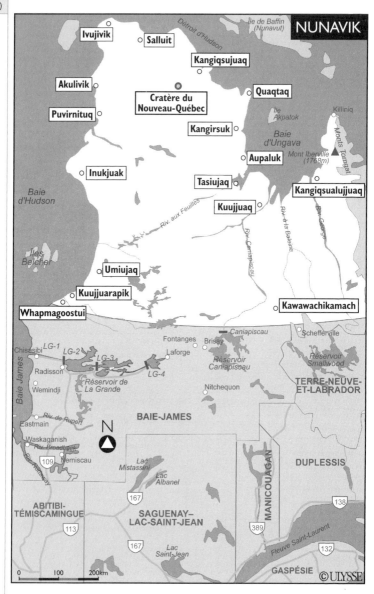

Le Nunavik

Gigantesque territoire septentrional, le Nunavik fait partie du Grand Nord québécois, qui s'étend depuis le 49e parallèle jusqu'au nord du 62e parallèle et couvre plus de la moitié de la superficie du Québec.

La singulière beauté de ses paysages dénudés, l'extrême rudesse de son climat hivernal ainsi que sa végétation, où la toundra succède à la taïga et à la forêt boréale, en font une région résolument différente du reste du Québec. Ce vaste territoire, qui demeure toujours le royaume des peuples autochtones du Nord, attire de plus en plus les visiteurs, ses régions sauvages et sa faune unique agissant comme des aimants sur les amateurs de grands espaces et de nature vierge.

L'itinéraire

Aucune route ni chemin de fer ne relie les communautés inuites du Nunavik entre elles. L'avion constitue le seul moyen de transport pour se déplacer d'une communauté à l'autre.

Une petite route non revêtue relie toutefois le village naskapi de Kawawachikamach à Schefferville. Pour se rendre à Schefferville, le visiteur peut prendre l'avion depuis l'Aéroport International Jean Lesage de Québec (www.aeroportdequebec.com).

À découvrir

Whapmagoostui
★ ★
Kuujjuarapik
★ ★

Voilà une communauté vraiment singulière, autant par son histoire et sa localisation que par sa composition sociale. En effet, le village de Whapmagoostui (dont le nom cri signifie «là où il y a des baleines») est juxtaposé au village de Kuujjuarapik (dont le nom inuktitut signifie «la belle grande rivière»), à l'embouchure de la Grande rivière de la Baleine, sur la baie d'Hudson. Cette coexistence perdure depuis environ deux siècles autour du poste de traite qui s'est appelé "Great Whale River" ou «Poste-de-la-Baleine», nom que les francophones donnent encore au village aujourd'hui. Il ne s'agit, en fait, que d'une seule agglomération divisée par ce que certains appellent sur place «une frontière imaginaire».

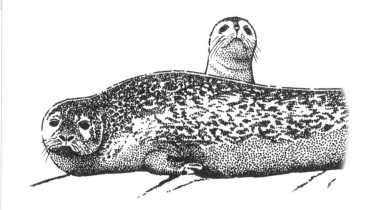

Le visiteur non avisé passe d'ailleurs d'un côté à l'autre de cette «frontière» sans même s'en rendre compte. Un regard plus attentif permet toutefois de constater que, même s'ils vivent en harmonie, les deux communautés ne partagent aucun service public, si ce n'est le centre local de services communautaires (CLSC), un établissement de santé qui a été construit en plein sur la ligne. Les Inuits y sont soignés d'un côté du corridor, les Cris de l'autre, chacun leur jour. Le meilleur exemple d'intégration reste le bar, du côté inuit, que les deux communautés fréquentent simultanément tout en restant chacune de leur côté.

Les villages sont bordés par une grande plage de sable formant des dunes d'où l'on peut apercevoir les magnifiques **îles Manitounuk**. Ces dernières sont représentatives de ce que l'on appelle les **cuestas hudsoniennes**, caractérisées par des dunes et des plages de sable, vers le large, et de spectaculaires falaises escarpées de l'autre côté, vers le continent. Elles constituent un refuge pour d'innombrables oiseaux, phoques, baleines et bélugas.

Umiujaq ★

Situé à 160 km au nord de Kuujjuarapik, le village d'Umiujaq (dont le nom inuktitut signifie «qui ressemble à un bateau») a été inauguré en décembre 1986. La Convention de la Baie James et du Nord québécois offrait aux Inuits de Kuujjuarapik la possibilité de déménager dans la région du lac Guillaume-Delisle, advenant la réalisation du projet hydroélectrique de Grande-Baleine. Une partie des habitants, craignant les répercussions néfastes du projet, se prononça par voie de référendum, en octobre 1982, en faveur de la création d'une nouvelle communauté plus au nord, qui devint le petit village d'Umiujaq. Après maintes études archéologiques, écologiques et d'aménagement du territoire, la construction du village débuta au courant de l'été 1985, pour se terminer un an et demi plus tard.

Situé au pied d'une colline «ressemblant à un *umiaq*», cette grande embarcation construite en peau de phoque, le village d'Umiujaq fait face à la baie d'Hudson.

Inukjuak ★

Deuxième village en importance du Nunavik, Inukjuak (dont le nom inuktitut signifie «le géant») est localisé à l'embouchure de la rivière Innuksuac, en face des îles Hopewell et à 360 km au nord de Kuujjuarapik.

La vie des habitants d'Inukjuak reste fortement liée à la pratique des activités traditionnelles. La découverte sur place d'un gisement de stéatite a permis d'encourager la pratique de la sculpture. De nombreux sculpteurs parmi les plus renommés du Nunavik y habitent et travaillent dans leur petit atelier.

Les plus vieux bâtiments du village sont ceux de la vieille mission anglicane et de l'ancien comptoir de traite situés derrière le magasin Northern et la coopérative fondée en 1962.

Les **îles Hopewell**, avec leurs falaises escarpées, méritent d'être explorées de plus près, tout spécialement au printemps, alors que la banquise, sous l'effet des marées et des courants, se présente comme un immense champ de gigantesques blocs de glace imbriqués.

Puvirnituq

Le village de Puvirnituq est reconnu pour ses sculpteurs qui ont fondé l'une des coopératives les plus dynamiques du Nunavik. Par ailleurs, une petite entreprise produit et exporte de l'excellent omble de l'Arctique fumé qu'il vaut la peine de se procurer.

Cette communauté est située sur la rive est de la rivière Puvirnituq, à environ 4 km de la baie du même nom et à 180 km au nord d'Inukjuak. Le territoire autour du village se présente sous la forme d'un plateau dont l'altitude est inférieure à 65 m.

Le nom inuktitut de Puvirnituq signifie «là où il y a une odeur de viande faisandée». Ce nom quelque peu original (qui s'abrège souvent en P.O.V.) remonterait à une époque où la rivière était plus profonde qu'en temps normal et où plusieurs bêtes se seraient noyées en tentant de la traverser. Leurs carcasses se seraient décomposées sur la plage, et l'odeur aurait conduit les habitants de la communauté à lui donner ce nom. Une autre explication veut qu'une épidémie ravagea la colonie, tuant tous les habitants et ne laissant aucun survivant pour enterrer les morts. Lorsque familles et amis arrivèrent des camps avoisinants au printemps, l'air était vicié par l'odeur des corps en décomposition.

Akulivik

Le village d'Akulivik se trouve à 100 km au nord de Puvirnituq, son plus proche voisin, et à 650 km au nord de Kuujjuarapik. Il est construit sur une presqu'île qui s'avance dans la baie d'Hudson juste en face de l'île Smith. La communauté est bordée, au sud, par l'embouchure de la rivière Illukotat et, au nord, par une baie profonde formant un port naturel et protégeant le village des vents. Cette configuration géographique favorise le départ prématuré des glaces au printemps et constitue un lieu privilégié pour la chasse. Vestiges de la dernière période glaciaire, des coquillages fossilisés, réduits en miettes, ont donné au sol un aspect sablonneux caractéristique.

L'île Smith, qui appartient au Nunavut canadien comme toutes les îles à marée basse au large des côtes du Nunavik, se trouve juste en face du village, à quelques minutes en bateau ou en motoneige. Cette île montagneuse, qui offre des paysages d'une beauté fascinante, est également le refuge de

Le Nunavik

Nouveau-Québec, Kativik ou Nunavik?

En 1912, le gouvernement fédéral divise la Terre de Rupert entre le Manitoba, l'Ontario et le Québec. Ainsi la frontière septentrionale du Québec passe de la rivière Eastmain au détroit d'Hudson, 1 100 kilomètres plus au nord. On nommera alors cette région le Nouveau-Québec. Avec la Convention de la Baie James et du Nord québécois, le gouvernement du Québec crée une nouvelle région, celle-là appelée Kativik, pour désigner l'ensemble des villages situés au nord du 55e parallèle. Mais, en 1986, la communauté inuite tient un référendum et adopte le nom de Nunavik, qui signifie «le pays où vivre».

milliers de bernaches et d'oies blanches au printemps.

Ivujivik

Village le plus septentrional du Québec, Ivujivik est situé à 150 km d'Akulivik et à 2 140 km de la ville de Québec. Il est niché au fond d'une petite anse au sud des îles et du détroit de Digges, près du cap Wolstenholme, dans une région montagneuse. Ivujivik est le théâtre de courants marins importants qui s'affrontent à chaque marée, car la baie et la détroit d'Hudson s'y rencontrent. Le nom d'Ivujivik évoque d'ailleurs ce phénomène puisque, d'origine inuktitut, il signifie «là où les glaces s'accumulent en raison des forts courants».

Salluit
★ ★

Situé à 250 km au nord de Puvirnituq, à 115 km à l'est d'Ivujivik et à 2 125 km de la ville de Québec, le village de Salluit (dont le nom inuktitut signifie «les gens minces») est blotti dans une vallée formée de montagnes escarpées, à une dizaine de kilomètres de l'embouchure du fjord du même nom.

Le site même de Salluit, dominé par les montagnes dentelées et les collines abruptes, est très spectaculaire. Situé entre mer et montagnes, dans un **fjord** ★ ★ magnifique, le village est l'un des plus pittoresques du Nunavik. La **baie Déception**, que les Inuits appellent «Pangaligiak», est un lieu réputé pour la chasse, la qualité de sa pêche et la richesse de sa faune et de sa flore en toute saison.

Kangiqsujuaq
★ ★

Entouré de majestueuses montagnes au creux d'une superbe vallée, le village de Kangiqsujuaq (dont le nom inuktitut signifie «la grande baie») se dresse fièrement dans le fjord de l'immense baie de Wakeham. Cette communauté, appelée successivement "Wakeham Bay" puis «Maricourt», est située à 208 km de sa voisine Salluit et à 420 km de Kuujjuaq. Deux rivières à débit important traversent le village. Celui-ci s'est développé en 1910 autour d'un poste de traite de la société Révillon Frères.

L'attrait naturel et touristique par excellence de la région et du Nunavik en général est sans contredit le **cratère du Nouveau-Québec** ★ ★, que les Inuits appellent «Pingaluit», désormais pro-

Le Nunavik

tégé par la création du **parc national des Pingualuit**. Située à moins de 100 km du village, cette gigantesque fosse est impressionnante avec ses 3 770 m de diamètre et ses 446 m de profondeur. Découvert par un certain Chubb, un aviateur intrigué par sa parfaite rondeur, le cratère aurait été formé par la chute d'une énorme météorite. Aucune rivière ne s'y déversant, c'est l'eau de pluie et de la fonte des neiges qui l'alimente. La société minière Raglan exploite dans la région une mine de nickel qui emploie de nombreux Inuits de la communauté de Kangiqsujuaq. Sur les îles côtières, à l'est du village, se trouvent des restes d'anciens campements datant de la période de Thulé.

Quaqtaq

Le village de Quaqtaq (dont le nom inuktitut signifie «ver intestinal») est limité au nord par la baie Diana et au sud et à l'est par des collines basses et rocheuses. Localisé à 157 km de son voisin Kangiqsujjuaq et à 350 km au nord de Kuujjuaq, le village s'étend sur une péninsule qui avance dans le détroit d'Hudson et qui forme le littoral est de la **baie Diana** ★, appelée «Tuvaaluk» (la grande banquise) par les Inuits. Cette pointe de terre est située à l'endroit où le détroit d'Hudson et la baie d'Ungava se confondent.

Les Inuits et leurs ancêtres ayant occupé la région pendant près de 2 000 ans, on y retrouve de nombreux sites archéologiques. Les environs de la baie Diana, région réputée pour la chasse, la pêche et l'observation de la nature, comptent environ un millier de bœufs musqués. Les plus chanceux auront peut-être même l'occasion d'apercevoir quelques légendaires harfangs des neiges. On peut aussi y observer, selon les périodes de l'année, les migrations de morses, de bélugas et d'ours polaires.

Kangirsuk

Cette petite communauté est localisée sur la rive nord de la rivière Payne, à 13 km en amont de la baie d'Ungava. Jadis connu sous les noms de Payne Bay ou de Bellin, le village de Kangirsuk (dont le nom inuktitut signifie «la baie») se trouve à 118 km au sud de Quaqtaq, à 230 km au nord de Kuujjuaq et à 1 536 km de la ville de Québec.

Quelques sites archéologiques se trouvent à proximité du village, dont un plus important s'étend sur l'**île Pamiok**. Ces sites, d'une qualité exceptionnelle, ouvrent une fenêtre sur le passé lointain des premiers habitants de la région. Les Vikings auraient notamment séjourné dans la région du lac Payne au cours du XIe siècle. On retrouve donc des vestiges de cette époque aux alentours de Kangirsuk.

Aupaluk

La communauté d'Aupaluk est localisée sur la côte sud d'une petite crique de l'Ungava, la baie Hopes Advance. Située à 80 km du village de Kangirsuk et à 150 km au nord de Kuujjuaq, Aupaluk est la plus petite communauté inuite du Nunavik. Camp de chasse traditionnelle, elle ne fut ce-

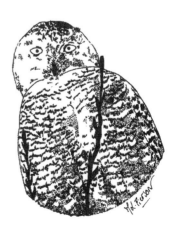

Le Nunavik

pendant créée qu'en 1975, alors que des Inuits de Kangirsuk et d'autres villages s'installèrent dans cette zone où abondaient caribous, poissons et mammifères marins.

Il s'agit du premier village arctique québécois entièrement conçu par les Inuits, et que certains appellent avec humour "Big Apple" (la «Grosse Pomme» évoquant la ville de New York!). Traversée par la route de migration des caribous, la région en compte des milliers du mois d'octobre au mois de décembre. Un bon nombre d'entre eux y séjournent jusqu'au printemps.

Tasiujaq

Le village de Tasiujaq (dont le nom inuktitut signifie «qui ressemble à un lac») est situé à 80 km au sud d'Aupaluk, son plus proche voisin, et à 110 km au nord de Kuujjuaq. Il est établi sur une terrasse de sable et de gravier sur les rives du lac aux Feuilles. Le village tire son nom de la baie formée par ce lac et renommée pour ses marées impressionnantes qui transforment complètement le paysage en quelques heures. Ces marées sont en fait parmi les plus grandes du monde, plus hautes que celles de la baie de Fundy selon les inconditionnels de Tasiujaq. L'amplitude moyenne des marées dans la baie est de 16 à 18 m. À la pleine lune du mois d'août, le marnage peut même atteindre 20 m. Le village est à la limite septentrionale de croissance des arbres. On peut d'ailleurs apercevoir les arbres les plus nordiques du Québec quelque 20 km plus au nord.

Kuujjuaq
★

Située à 1 304 km au nord de Québec, la capitale administrative,

économique et politique du Nunavik s'étend sur une terre plate et sablonneuse sur la rive nord-ouest de la rivière Koksoak, à 50 km en amont de son embouchure sur la baie d'Ungava. Avec une population dépassant les 2 000 habitants, dont un bon nombre de non-Autochtones, elle constitue la plus importante communauté inuite du Québec.

Aujourd'hui le village de Kuujjuaq (dont le nom inuktitut signifie «la grande rivière») est le centre administratif de la région du Nunavik, et l'on y trouve le siège social de l'administration régionale de Kativik ainsi que des bureaux de divers organismes régionaux et gouvernementaux. Kuujjuaq est d'ailleurs la capitale administrative du nouveau territoire «autonome» du Nunavik. Ses deux grandes pistes d'atterrissage font partie du «Système de Surveillance Nord», et le village est la plaque tournante du transport aérien du Québec nordique, abritant le siège social de plusieurs compagnies aériennes de vols nolisés.

Certains connaissent mieux Kuujjuaq sous l'appellation de «Fort Chimo». Fort Chimo était au XIXe siècle et au début du XXe siècle un prospère

Outre la coopérative, on trouve un autre établissement où aller admirer les talents des artistes inuits. Il s'agit de **Tivi Galleries** *(844A Airport Rd.,* ☎*819-964-2465 ou 800-964-2465)*, la seule galerie d'art inuite du Nord-du-Québec.

Kangiqsualujjuaq
★ ★ ★

Situé à 160 km au nord-est de Kuujjuaq sur la côte est de la baie d'Ungava, le village de Kangiqsualujjuaq (dont le nom inuktitut signifie «la très grande baie») est blotti au fond d'une anse, à l'ombre d'un affleurement de granit et à l'embouchure de la rivière George. Le village s'appelait d'ailleurs "George River" auparavant. Les *Qallunak* (les Blancs) préfèrent souvent ce nom beaucoup plus simple à prononcer. Kangiqsualujjuaq, dont la vallée est envahie par la végétation, est la communauté la plus à l'est du Nunavik.

Avant 1959, il n'y avait pas de village proprement dit à cet endroit; les camps d'été étaient établis sur la côte, et les camps d'hiver, à une cinquantaine de kilomètres à l'intérieur des terres. Le hameau a été créé à l'initiative d'Inuits locaux qui fondèrent la première coopérative du «Nouveau-Québec», qui avait pour but de commercialiser l'omble chevalier. La construction du village débuta donc au début des années 1960, et les premiers services publics furent organisés à cette époque.

Kangiqsualujjuaq a tristement fait la manchette dans le monde entier le 1er janvier 1999. Alors que pratiquement tout le village était réuni dans le gymnase de l'école pour célébrer la nouvelle année, une avalanche a soudainement écrasé le bâtiment situé au pied d'une colline escarpée. Quatorze habitants y ont laissé leur vie, marquant à jamais la petite communauté.

poste de traite de la Compagnie de la Baie d'Hudson. Depuis, le village a été déménagé sur l'autre berge de la rivière Koksoak, où il était plus facile de construire la piste d'atterrissage dont les Américains avaient besoin pour leur base militaire, qu'ils ont exploitée pendant quelque temps dans les années 1940. Aujourd'hui on peut toujours visiter le «Vieux-Chimo», où il reste toujours quelques bâtiments du temps de la Compagnie de la Baie d'Hudson. Les installations sont maintenant utilisées pour le camp d'été des jeunes de Kuujjuaq.

Kuujjuaq possède des hôtels, des restaurants, des magasins, une banque et des boutiques d'artisanat, et dispose de la plupart des services dont sont dotées les capitales régionales du Sud. L'hôpital Tulattavik offre les services de première ligne. Il constitue la principale ressource médicale de la région de l'Ungava.

La majestueuse **rivière Koksoak ★** est l'une des merveilles de la région. Elle donne à Kuujjuaq une tout autre dimension et offre un cadre pittoresque. Ses marées façonnent des paysages d'une beauté fascinante.

La région attire l'une des plus grandes hardes de caribous au monde. En effet, le troupeau de la rivière George est le plus imposant du Nunavik avec ses quelque 600 000 têtes. Les chasseurs de Kangiqsualujjuaq procurent à l'entreprise Les aliments arctiques du Nunavik inc. une grande partie des 3 000 kg de viande de caribou que celle-ci met en marché annuellement sur le territoire et dans le sud.

Avec les peaux de caribou, les artisans de Kangiqsualujjuaq fabriquent de nombreux produits artisanaux. Ils ont conservé l'art ancestral de la fabrication des mitaines ou *pualluk* (moufles), dans lequel ils excellent, et exportent une partie de leur production vers d'autres villages inuits. D'autres vêtements sont fabriqués au village, comme les *kamik*, les pantoufles, les manteaux, les *nasak*, ainsi que des bijoux en bois de caribou.

Les **monts Torngat** ★ ★ ★, dont le nom inuktitut signifie «montagnes des esprits», sont situés à une centaine de kilomètres à l'est du village. Entre la baie d'Ungava et la mer du Labrador, à la frontière entre le Québec et le Labrador, ils s'étendent sur 300 km et ont une largeur d'environ 100 km, ce qui en fait une chaîne aussi vaste que les Alpes. Plusieurs sommets culminent à près de 1 700 m, comme le majestueux **mont D'Iberville** ★, le plus haut sommet du Québec, qui domine le massif avec ses 1 646 m. En décembre 2005, la **réserve de parc national des Monts-Torngat** a été créée. Elle protège quelque 9 600 km² entre le fjord Saglek au sud jusqu'à l'extrême nord du Labrador, puis du Québec à l'ouest jusqu'à la mer du Labrador à l'est.

Kawawachikamach
★

Située à 15 km de Schefferville, à quelque 1 000 km au nord de Montréal et tout près de la frontière avec le Labrador, Kawawachikamach est la seule communauté naskapie au Québec. Apparentés aux Cris et aux Innus, les Naskapis font, comme eux, partie de la famille linguistique algonquienne. Kawawachikamach, dont le nom naskapi signifie «là où la rivière sinueuse se transforme en un grand lac», se trouve dans une région d'une beauté naturelle exceptionnelle, au milieu d'innombrables lacs et rivières.

Peuple nomade et grands chasseurs, les Naskapis suivaient la route de migration des caribous dont ils dépendaient pour vivre. À la suite de la quasi-disparition des caribous sur leur territoire et de leur plus grande dépendance face aux postes de traite, ils vécurent, à partir de 1893, des années marquées par la famine. Fuyant la faim et la maladie, et aidées par le gouvernement fédéral, plusieurs familles s'installèrent près de Fort Chimo en 1949. Sept ans plus tard, les Naskapis décidèrent d'aller vivre avec les Innus de Matimekosh, près de Schefferville, dans l'espoir d'améliorer leurs conditions de vie.

En 1978, les Naskapis signèrent, avec les gouvernements fédéral et provincial, la Convention du Nord-Est québécois, inspirée de l'entente survenue trois ans plus tôt avec les Inuits et les Cris. Les Naskapis abandonnèrent alors leurs titres sur leurs terres ancestrales et, en retour, obtinrent une compensation financière, des droits inaliénables sur certains territoires et de nouveaux droits de pêche, de chasse et de piégeage (trappe). Ils décidèrent en outre de s'établir sur les rives du lac Matemace, à 15 km au nord-est de Schefferville. Inauguré en 1984, le village de Kawawachikamach est doté d'équipements collectifs modernes, d'un dispensaire et d'un centre commercial.

Les parcs de Laval

Ville importante du Québec avec ses 355 000 habitants, Laval occupe une grande île au nord de Montréal, l'île Jésus, située entre le lac des Deux Montagnes, la rivière des Prairies et la rivière des Mille Îles.

La ville de Laval telle qu'on la connaît aujourd'hui est née en 1965 de la fusion des 14 villages agricoles que comptait alors l'île Jésus. Désormais grande banlieue résidentielle et industrielle, Laval a su également préserver de grands espaces servant aux activités de plein air.

 L'itinéraire

Laval demeure accessible, au départ de Montréal, par le pont Papineau-Leblanc (prolongement de l'avenue Papineau), le pont Viau (rue Lajeunesse), l'autoroute transcanadienne, le pont Lachapelle (boulevard Laurentien) et l'autoroute 13.

À découvrir

Le **Bois Papineau** *(3235 boul. St-Martin E., Duvernay, ☎450-662-7610)* dispose d'un pavillon qui ajoute au confort des lieux. On peut y observer la flore et la faune et, en hiver, y pratiquer le ski de fond ou la raquette.

Le **parc de la Rivière-des-Mille-Îles** *(345 boul. Ste-Rose, ☎450-622-1020, www.parc-mille-iles.qc.ca)* exploite habilement la multitude d'îles qui parsèment cette portion de la rivière. D'une baie tranquille, qui sert également d'aire de jeux et de détente, on peut partir à la découverte en canot, en kayak ou en rabaska (location sur place) et faire escale dans l'une des nombreuses îles pour y pique-niquer ou contempler la faune et la flore particulièrement abondantes dans ce milieu humide. Une partie du parc est d'ailleurs reconnue comme refuge faunique.

En été, à la brunante, le parc propose une randonnée thématique. En rabaska, accompagné d'un guide-interprète de la nature, la *Randonnée au castor* permet l'observation du rongeur dans son habitat.

À la mi-août se tient la plus importante descente de rivière du Québec. Lors de cet événement, plus de 1 500 pagayeurs prennent d'assaut la rivière des Mille Îles, et ce, de Saint-Eustache à Rosemère.

Le centre d'interprétation sur les divers écosystèmes de la rivière qui se trouve dans le pavillon est ouvert seulement en été *(entrée libre; fin juin à début sept tlj 10h à 18h)*.

Les parcs de Laval

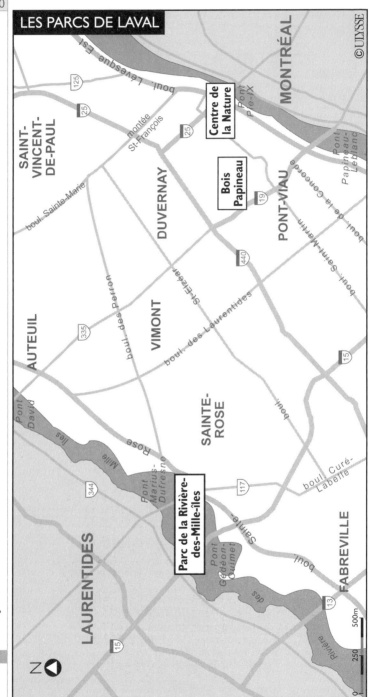

Les parcs de Laval

LES PARCS DE LAVAL

MONTRÉAL

SAINT-VINCENT-DE-PAUL

DUVERNAY

PONT-VIAU

AUTEUIL

VIMONT

SAINTE-ROSE

LAURENTIDES

FABREVILLE

Centre de la Nature

Bois Papineau

Parc de la Rivière-des-Mille-Îles

boul. Lévesque Est

montée St-François

boul. Sainte-Marie

boul. des Perron

boul. des Laurentides

boul. Saint-Martin

boul. de la Concorde

Pont Pie-IX

Pont Papineau-Leblanc

boul. Curé-Labelle

Pont David

Mille Îles

Pont Marius-Dufresne

Rose

Sainte

Pont Gédéon Ouimet

Rivière des

boul.

boul.

St-Elzéar

©ULYSSE

N

500m

250

0

125

25

25

335

440

15

344

117

15

13

Le gel hivernal favorise la pratique des sports tels que la randonnée, la raquette et le ski de fond. De plus, une patinoire de 1 km *(10h à 20h; 13 rue Hotte, Ste-Rose, derrière l'église)* est aménagée sur la rivière glacée, et l'on peut dévaler deux glissoires.

À bord du *Héron Bleu*, le **parc de la Rivière-des-Mille-Îles** vous invite à naviguer à travers l'histoire, les îles, la faune et la flore de l'archipel de la rivière des Mille Îles. Cette croisière d'une heure et demie est bien animée, instructive et interactive *(15$; mai et juin sam-dim, juil et août mer-dim, sept sam-dim; départs de la Marina de Venise; 110 rue Venise, Ste-Rose, réservations requises; ☎450-622-1020, www. parc-mille-iles.qc.ca).*

Le **Centre de la Nature** *(toute l'année; 901 av. du Parc, ☎450-662-4942)*, un parc de 50 ha arraché à une carrière désaffectée, est l'exemple parfait de la réhabilitation d'un espace perdu en milieu urbain. Au fil de son existence, il est devenu un lieu de vie et d'activité de première importance. En plus de magnifiques jardins, il offre aux visiteurs un lac artificiel superbe se prêtant bien au canot ou au kayak. En hiver, le lac se transforme en une immense surface glacée pour la joie des patineurs. Les nombreux sentiers qui jalonnent le Centre de la Nature sont accessibles, l'hiver venu, aux adeptes de ski de fond. Au nombre des autres attraits du parc, on compte la Ferme des animaux, le Jardin de la sculpture et une immense plaine gazonnée où se tiennent concerts, compétitions sportives et expositions.

Les parcs de Laval

Au pays de Gilles Vigneault

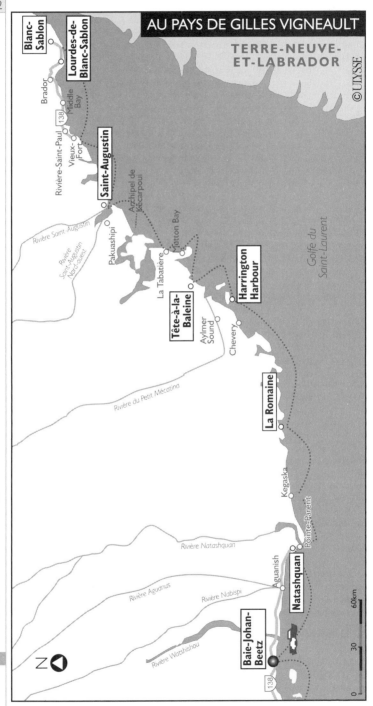

AU PAYS DE GILLES VIGNEAULT

TERRE-NEUVE-
ET-LABRADOR

©ULYSSE

Blanc-
Sablon

Lourdes-de-
Blanc-Sablon

Brador

Middle
Bay

138

Rivière-Saint-Paul

Vieux-
Fort

Saint-Augustin

Archipel de
Récarpoul

Rivière Saint-Augustin

Rivière
Saint-Augustin
Nord-Ouest

Pakuashipi

Mutton Bay

Golfe du
Saint-Laurent

La Tabatière

Tête-à-la-
Baleine

Harrington
Harbour

Aylmer
Sound

Chevery

Rivière du Petit Mécatina

La Romaine

Kegaska

Pointe-Parent

Rivière Natashquan

Natashquan

Aguanish

Rivière Aguanus

Rivière Nabispi

Baie-Johan-
Beetz

Rivière Watshishou

138

N

0   30   60km

Au pays de Gilles Vigneault

Mon pays, ce n'est pas un pays, c'est l'hiver, voilà comment Gilles Vigneault, fier fils de la Basse-Côte-Nord, décrit son coin de pays subarctique, où l'on voit flotter des icebergs en plein mois de juillet. Les animaux (ours, orignaux, phoques, baleines) peuvent y être admirés en plusieurs endroits, non pas derrière les barreaux d'un zoo, mais dans la vie de tous les jours, aux abords des villages, sur les rochers dénudés, sur les plages de sable fin et dans l'eau.

Le territoire fut colonisé à partir du milieu du XIXe siècle, car, auparavant, ces zones étaient exclusivement réservées aux compagnies de traite des fourrures et de pêche à la morue. Les hameaux francophones, innus et anglo-normands alternent sur la côte. Certains des villages à majorité anglophone, peuplés de pêcheurs originaires de l'île de Jersey (dans la Manche), n'ont que peu d'attachement pour le Québec. Le bâti de la Basse-Côte-Nord a conservé son cachet ancien à travers ses cabanes de pêcheurs en bois et ses vieux quais. Cette région étant éloignée des grands centres, l'exploitation des richesses naturelles constitue son moteur économique. Pendant des milliers d'années, les Amérindiens et les Inuits y vécurent essentiellement de la chasse et de la pêche. Vinrent ensuite les Basques et les Bretons, pêcheurs ou baleiniers, qui, dès le XVIe siècle, y érigèrent des postes saisonniers.

 L'itinéraire

La route 138 s'arrête à Pointe-Parent. Mais, au-delà, seuls l'avion, l'hydravion et le bateau de ravitaillement hebdomadaire du **Relais Nordik** *(au départ de Havre-Saint-Pierre, le tarif est déterminé selon la destination; avr à jan une fois par semaine; réservations requises; 149 rue Maltais, Sept-Îles, p418-723-8787 ou 800-463-0680, www.relais-nordik.com)* relient au reste du Québec, pendant l'été, les habitants des villages qui jalonnent la côte. En hiver, les glaces et la neige tracent une route naturelle pour les motoneiges; aussi est-il paradoxalement plus

Au pays de Gilles Vigneault

simple de se déplacer d'un village à l'autre pendant la saison froide. «Au pays de Gilles Vigneault» est un véritable circuit pour les aventuriers qui recherchent le dépaysement complet.

À découvrir

Baie-Johan-Beetz
★

Appelé à l'origine «Baie-Piashti» en raison de sa situation géographique, à l'embouchure de la rivière Piashti, le village sera renommé en 1918 Baie-Johan-Beetz en l'honneur du savant naturaliste belge Johan Beetz.

Maison Johan-Beetz ★ *(5$; tlj mi-juin à début sept; 15 rue Johan-Beetz,* ☎*418-648-0557 ou 877-393-0557).* Johan Beetz est né en 1874 au château d'Ouden-

houven, dans le Brabant (Belgique). Le chagrin causé par le décès de sa fiancée l'amène à vouloir partir pour le Congo. Un ami l'incite plutôt à émigrer au Canada. Passionné de chasse et de pêche, il visite la Côte-Nord, où il décide bientôt de s'installer.

En 1898, il épouse une Canadienne et construit cette coquette maison Second Empire. En 1903, il fait figure de pionnier en entreprenant l'élevage d'animaux à fourrure, dont les peaux sont vendues à la Maison Révillon de Paris.

Au cours de sa vie sur la Côte-Nord, Johan Beetz a contribué à améliorer la vie de ses voisins. Grâce à ses études universitaires, il fut l'homme de science auquel les villageois faisaient confiance. Il réussit même à préserver le village de la grippe espagnole grâce à une quarantaine savamment contrôlée. Ainsi, si vous demandez aux aînés de vous parler de monsieur Beetz, vous n'entendrez que des éloges.

Le **refuge d'oiseaux de Watshishou** ★ *(à l'est du village)* abrite plusieurs colonies d'oiseaux marins.

Natashquan
★

Petit village de pêcheurs aux maisons de bois usées par le vent salé, Natashquan a vu naître le célèbre poète et chansonnier Gilles Vigneault en 1928. Plusieurs de ses chansons ont pour thème les gens et les paysages de la Côte-Nord. Vigneault vient périodiquement se ressourcer à Natashquan, où il possède toujours une maison. Natashquan, mot d'origine innue, signifie «l'endroit où l'on chasse l'ours». Le village voisin, Pointe-Parent, est surtout peuplé d'Innus.

 Les municipalités situées à l'est de Pointe-Parent ne sont pas accessibles par la route. Aussi faut-il prendre le bateau ou l'avion afin de visiter les lieux décrits ci-dessous. Il faut également noter qu'à l'est de Kegaska, deuxième escale du navire de ravitaillement, on change de fuseau horaire (une heure de décalage en plus par rapport au reste du Québec).

La Romaine

Innus, Naskapis et Inuits cohabitaient autrefois sur ce territoire aux paysages rocailleux. De nos jours, les Blancs et les Innus vivent ici en harmonie. La pêche constitue la principale activité économique de l'endroit, comme d'ailleurs de la plupart des villages de la Basse-Côte-Nord.

Harrington Harbour
★

Les trottoirs de bois font la renommée de ce village de pêcheurs anglo-saxons isolés sur une petite île. Le sol, composé de gros rochers inégaux, rendait difficile l'aménagement d'une agglomération conventionnelle: les habitants ont donc relié les maisons entre elles par des passerelles de bois légèrement surélevées. Si vous voulez vous faire une bonne idée des lieux, allez visionner le film de Jean-François Pouliot, *La Grande Séduction*, grand succès cinématographique québécois de l'année 2003.

Près du village de **Chevery**, accessible en bateau-taxi depuis Harrington Harbour, se trouvent les vestiges du poste de traite des fourrures et du site de pêche au «loup marin» de Nantagamiou, tous deux implantés en 1733 par le commerçant Jacques Bellecourt, sieur de Lafontaine.

 Le bateau de ravitaillement se faufile ensuite entre une multitude d'îles dénudées aux parois rocheuses. Ce paysage extraordinaire pourrait être celui d'une autre planète.

Au pays de Gilles Vigneault

Tête-à-la-Baleine
★

Sixième escale du bateau de ravitaillement, Tête-à-la-Baleine est un village pittoresque où l'on pratique toujours la chasse au «loup marin». On peut y observer un phénomène particulier à la Basse-Côte-Nord: la migration saisonnière des habitants. En effet, les pêcheurs possèdent deux maisons, l'une sur la terre ferme et l'autre, plus modeste, érigée sur une île au large et habitée par toute la famille durant la saison de la pêche. Cette dernière habitation porte le nom de «maison de mer». Ainsi, les pêcheurs de Tête-à-la-Baleine se rendent sur l'**île Providence**, pendant l'été, pour se rapprocher des bancs de poissons. Cette tradition est en perte de vitesse, ce qui a entraîné l'abandon de plusieurs maisons insulaires ces dernières années.

 Le bateau s'arrête à La Tabatière avant de parvenir à Saint-Augustin.

Saint-Augustin

Saint-Augustin se trouve à une dizaine de kilomètres en amont sur la rivière Saint-Augustin. On y accède en passant par un havre très impressionnant, protégé à l'ouest par l'archipel Kécarpoui et à l'est par l'archipel Saint-Augustin. En face du village se trouve la communauté innue de Pakuashipi.

Lourdes-de-Blanc-Sablon

Village de pêcheurs, Lourdes-de-Blanc-Sablon dispose de plusieurs bureaux administratifs et d'un centre hospitalier qui desservent tous cette partie de la Basse-Côte-Nord, et la municipalité regroupe entre autres Blanc-Sablon. Tout près du littoral, sur l'île Verte, se trouvent les restes du *Bremen*, un avion allemand qui effectua l'une des premières traversées aériennes de l'Atlantique en 1928.

Blanc-Sablon

Cette région isolée a pourtant été fréquentée, dès le XVIe siècle, par les pêcheurs basques et portugais, qui y ont établi des pêcheries où l'on faisait fondre la graisse des «loups marins» et où la morue était salée avant d'être expédiée en Europe. Les Vikings, dont le principal établissement a été retrouvé sur l'île de Terre-Neuve, toute proche, auraient peut-être implanté un village dans les environs de Blanc-Sablon vers l'an 1000. À Brador, le site du poste de Courtemanche (XVIIIe siècle) a été mis au jour.

Blanc-Sablon n'est qu'à environ 4 km de la frontière avec le Labrador, ce territoire subarctique dont une large portion est constituée de terres amputées au Québec et, aujourd'hui, partie intégrante de la province de Terre-Neuve, dont le nouveau nom est Terre-Neuve-et-Labrador (!). Une route y conduit directement. L'ancienne colonie britannique de Terre-Neuve ne s'est jointe au Canada qu'en 1949. Cette province est accessible par traversier au départ de Blanc-Sablon.

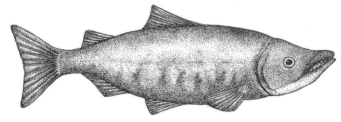

La plaine de Lanaudière

Région de lacs et de rivières, de terres cultivées, de forêts sauvages et de grands espaces, la plaine de Lanaudière s'étend sur la rive nord du fleuve Saint-Laurent. L'une des premières zones de colonisation de la Nouvelle-France, elle dévoile un bel héritage architectural.

Marie-Charlotte Tarieu Taillant de Lanaudière, fille du seigneur de Lavaltrie, épouse en 1813 Barthélemy Joliette. Ces deux personnages, beaucoup plus qu'un simple couple de jeunes mariés, légueront un héritage précieux aux habitants de la région. Leur nom d'abord, mais également un esprit d'entreprise peu commun à l'époque chez les Canadiens français, qui stimulera la création de manufactures et de banques contrôlées localement, à laquelle il faut aussi ajouter le développement d'une agriculture spécialisée.

À découvrir

Empruntez l'autoroute 25, dans le prolongement du boulevard Pie-IX. Prenez à droite la sortie 22 (Terrebonne-centre-ville). Tournez immédiatement à droite dans le boulevard Moody, puis à gauche dans la rue Saint- Louis. Vous pourrez garer votre voiture sur le boulevard des Braves (sur votre droite), en face de l'île des Moulins.

Terrebonne
★ ★

Terrebonne, cette municipalité située en bordure de la bouillonnante rivière des Mille Îles, tire son nom de la fertilité des terres qui l'entourent. De nos jours, elle est incluse dans la couronne de banlieues qui ceinture Montréal, mais le quartier ancien, réparti entre haute et basse villes, a conservé de beaux bâtiments résidentiels et commerciaux. Terrebonne est certainement l'un des meilleurs endroits au Québec pour comprendre ce qu'était une seigneurie prospère au XIXe siècle.

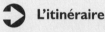

L'itinéraire

L'autoroute 25, dans le prolongement du boulevard Pie-IX, permet de se diriger vers Terrebonne, premier arrêt sur le circuit. Par la suite, vous devrez emprunter la route 344 Est pour atteindre L'Assomption. Le circuit dévie alors vers Joliette par la route 343 Nord, puis revient vers Berthierville par la route 158 Est.

La plaine de Lanaudière

LA PLAINE DE LANAUDIÈRE

Réserve faunique
Mastigouche

MAURICIE

N

Lac des Îles

Saint-Alexis-
des-Monts

131

Saint-Charles-
de-Mandeville

Sainte-Émélie-
de-l'Énergie

Saint-Damien

347

Saint-
Didace

Saint-Édouard-
de-Maskinongé

Lac
Maskinongé

131

Saint-Gabriel-de-Brandon

337

348

Saint-Edmond

Saint-Jean-de-Matha

Saint-Cléophas

Saint-Alphonse-
Rodriguez

Sainte-Béatrix

Saint-Barthélemy

Saint-Félix-de-Valois

Saint-Norbert

Saint-
Viateur

Sainte-Mélanie

347

Saint-Cuthbert

Sainte-Marceline-
de-Kildare

Notre-Dame-
de-Lourdes

Sainte-
Élisabeth

Berthierville

Île Dupas

Saint-Ambroise-
de-Kildare

131

341

346

158

132

Rawdon

125

Saint-Liguori

Joliette

Saint-Thomas

Sainte-
Julienne

341

Crabtree

**Saint-Paul-
de-Joliette**

40

Saint-Jacques

Lanoraie

Saint-Alexis

Saint-Gérard-
Majella

31

Saint-EspritO

343

Lavaltrie

St-Roch-
de-l'Achigan

L'Épiphanie

339

125

L'Assomption

Saint-Sulpice

30

337

25

Repentigny

Mascouche

Le Gardeur

138

132

MONTÉRÉGIE

Terrebonne

640

Charlemagne

344

Lachenaie

30

LAVAL

0   5   10km **MONTRÉAL**

©ULYSSE

La plaine de Lanaudière

res de la Compagnie du Nord-Ouest, cette maison ayant aussi servi de siège social à l'entreprise. Le bâtiment de pierres revêtu de stuc, érigé en 1807, est doté d'un élégant portique dorique en bois. Un peu plus loin sur la rue Saint-Louis, on peut voir de bons exemples d'architecture victorienne en bois (au numéro 938) et en brique (au numéro 939).

Retournez au boulevard des Braves, qui mène à l'île des Moulins.

Sur l'**île des Moulins** ★ ★ *(entrée libre, 5$ pour la visite guidée mer-dim 10h30 à 17h; fin juin à début sept; au bas du boulevard des Braves, ☎450-471-0619, www.ile-des-moulins.qc.ca)* est concentré l'ensemble exceptionnel de moulins et autres installations pré-industrielles de la seigneurie de Terrebonne. À l'entrée du site, on longe d'abord les anciennes minoterie (1846) et scierie (reconstruite en 1986), qui renferment la Bibliothèque municipale, puis on arrive au Centre d'accueil et d'interprétation de l'île des Moulins, aménagé dans l'ancien bureau seigneurial. Ce bâtiment revêtu de pierres de taille aurait été construit en 1848 selon les plans de Pierre-Louis Morin.

Le bâtiment de trois étages que l'on aperçoit ensuite sur la gauche est la vieille boulangerie, élevée en 1803 pour la Compagnie du Nord-Ouest, qui y fabriquait les biscuits et les galettes destinés aux voyageurs qui faisaient le commerce des fourrures dans le nord et l'ouest du Canada. Cette installation compte parmi les premières boulangeries à grande échelle d'Amérique du Nord et constitue le bâtiment le plus ancien de l'île. Au bout de la promenade, on accède au grand moulin, érigé en 1850 pour Sophie Raymond. On y produisait des étoffes de laine, vendues dans toute la région. Il abrite maintenant une exposition permanente sur l'histoire des moulins de Terrebonne.

Le puissant banquier montréalais Joseph Masson acquiert la seigneurie de Terrebonne lors d'une vente aux enchères en 1832, mais les années de trouble qui suivront (les rébellions des Patriotes de 1837-1838) ne lui permettront pas de la développer comme il l'aurait souhaité. Sa veuve, Sophie Raymond, procédera à des travaux majeurs à partir de 1848. Elle fait alors ériger, rue Saint-Louis, l'imposant **manoir Masson** ★ *(901 rue St-Louis)* selon les plans de l'architecte français Pierre-Louis Morin (1811-1886). Ce bel édifice néoclassique revêtu de calcaire gris est la plus vaste résidence seigneuriale du Québec. En 1912, la chapelle Saint-Tharcisius vient s'ajouter au manoir, devenu entre-temps propriété d'une communauté religieuse.

Le manoir abrite aujourd'hui l'école secondaire Saint-Sacrement. La rue Saint-Louis constitue l'épine dorsale de la haute ville bourgeoise. On y trouve plusieurs demeures imposantes outre le manoir Masson, entre autres la **maison de Roderick Mackenzie** *(906 rue St-Louis)*, l'un des principaux actionnai-

La plaine de Lanaudière

 Au retour, empruntez la petite rue Saint-François-Xavier au nord du boulevard des Braves.

Rue Saint-François-Xavier, plusieurs restaurants et galeries d'art ont été aménagés dans de pittoresques maisons qui ont échappé aux flammes lors de la conflagration de 1922. Certaines d'entre elles, construites dans la seconde moitié du XVIIIᵉ siècle, ont été restaurées avec soin. Elles présentent les traits des maisons de faubourg, très basses, dont la structure de bois est érigée directement en bordure d'un étroit trottoir.

 Érigée en 1760, la **Maison de Pays** ★ *(entrée libre; mi-juin à début sept mer 13h à 17h, jeu-sam 13h à 21h, dim 10h à 17h; reste de l'année, sam-dim 11h à 17h, déc jeu-ven 11h à 21h; 844 rue St-François Xavier,* ☎ *450-471-0049, www.ile-des-moulins.qc.ca)* se targue d'être la plus vieille maison préservée de Terrebonne. Aujourd'hui, la Maison de Pays se consacre à la mise en valeur de différents produits régionaux: agrotourisme, métiers d'art, patrimoine historique et musique traditionnelle.

 Remontez la rue Sainte-Marie, d'où vous bénéficierez d'une perspective intéressante sur l'église Saint-Louis-de-France.

Église Saint-Louis-de-France *(825 rue St-Louis)*. La belle façade en pierres grises de cette église catholique (1878) est dominée par un clocher et deux tours argentées, teintes typiques des églises québécoises. Elle cache cependant un intérieur quelque peu décevant, refait au goût du jour en 1955.

 Tournez à gauche dans la rue Saint-Louis.

Les **maisons Roussil** *(870 et 886 rue St-Louis)*, jumelles, ont été construites vers 1825 par le maître menuisier Théodore Roussil. Lors des rébellions de 1837-1838, on y aurait emprisonné les insurgés locaux avant de les transférer à la prison du Pied-du-Courant, à Montréal.

 Quittez Terrebonne par la route 344 Est (dans le prolongement de la rue Saint-Louis), en direction de Lachenaie puis de Le Gardeur, pour atteindre L'Assomption.

- -

L'Assomption
★

 On entre à L'Assomption par la rue Saint-Étienne. Il est possible de garer sa voiture en face de l'église.

Église de L'Assomption-de-la-Sainte-Vierge ★ *(153 rue du Portage)*. Derrière la monumentale façade de Victor Bourgeau (1863) se cachent la nef et le chœur, élevés en 1819, où se trouvent le tabernacle, le retable et la belle chaire baroque exécutée par Urbain Brien dit Desrochers en 1834. Le décor de la voûte a été repris par Bourgeau dans l'esprit de celui de La Prairie.

 Empruntez la rue du Portage qui longe le presbytère. Cette rue correspond au portage. Tournez à droite dans le boulevard L'Ange-Gardien.

Maison Archambault *(351 boul. L'Ange-Gardien)*. Il subsiste peu d'exemples autour de Montréal de ces maisons dont le rez-de-chaussée servait d'atelier, alors que l'étage, accessible par un long escalier, était consacré à l'habitation. Celle-ci, érigée vers 1780, a vu naître Francis Archambault (1880-1915), vedette de l'opéra à Londres, New York et Boston au tournant du XXe siècle.

Le **Collège de L'Assomption** ★ *(270 boul. L'Ange-Gardien)* pour garçons a été fondé en 1832 par les notables de L'Assomption. Le bâtiment de moellons (1869) au toit mansardé et couronné d'un superbe dôme argenté datant de 1882 est un bon exemple de l'architecture institutionnelle du XIXe siècle au Québec. Le pavillon éclectique, à l'est, a été ajouté en 1892. Parmi les nombreuses personnalités qui y ont étudié, il faut mentionner Sir Wilfrid Laurier, premier ministre du Canada de 1896 à 1911.

 Empruntez les rues Dorval puis Saint-Étienne à droite.

Oasis du vieux palais de justice *(entrée libre toute l'année; horaire variable, réserver pour visites guidées; 255 rue St-Étienne,* ☎*450-589-3266, www.vieuxpalais.com)*. À l'origine composé de trois maisons séparées, construites entre 1811 et 1822, ce long bâtiment a longtemps abrité une cour de justice et un bureau d'enregistrement. Victor Bourgeau, qui a dessiné la cour de justice, à l'étage de la portion centrale, ne s'est pas contenté de modifier la forme des ouvertures; il a aussi dessiné l'ensemble du mobilier et des boiseries. À noter que cette salle est toujours intacte, même si la Cour n'y siège plus depuis 1929.

En face du vieux palais de justice, on peut voir le site de la première église de L'Assomption (1724), les restes du manoir seigneurial et la **maison Seguin** *(288 rue St-Étienne)*, une intéressante demeure bourgeoise de style Second Empire érigée en 1880.

Reprenez la rue Saint-Étienne vers l'ouest (en direction de l'église). En passant, on peut admirer la **maison Le Sanche** (1812) *(349 rue St-Étienne)*, de type urbain, avec ses murs coupe-feu et son implantation en bordure du trottoir.

 Empruntez le boulevard L'Ange-Gardien puis la route 343 Nord, qui longe la rivière L'Assomption. Chemin faisant, on remarquera plusieurs maisons au toit en mansarde, disposées perpendiculairement à la route afin de se protéger des vents dominants.

La plaine de Lanaudière

Saint-Paul-de-Joliette

Ce minuscule village possède quelques maisons charmantes dominées par une église, dont la sobriété n'a d'égale que son importance sur le plan architectural. La fondation de Saint-Paul en 1786 est redevable à l'effort de colonisation de l'intérieur des terres à la fin du XVIIIᵉ siècle. Depuis ce temps, la petite communauté agricole vit au rythme des saisons.

L'extérieur de l'**église Saint-Paul** ★ *(8 rue Brassard, ☎450-756-2791)* est, à quelques détails près, comme au premier jour de son inauguration en 1804. Réalisée selon les plans de l'abbé Pierre Conefroy de Boucherville, auteur du célèbre devis qui allait influencer les bâtisseurs d'églises pendant 30 ans, cette église est représentative de l'architecture religieuse traditionnelle du Québec, sobre mais élégante. Par contre, le décor intérieur a connu plusieurs périodes de travaux qui en ont modifié l'apparence au fil des ans, jusqu'à lui donner une configuration des plus originales.

 Poursuivez par la route 343 Nord, qui prend le nom de «boulevard Manseau» à Joliette, le long duquel on aperçoit quelques belles demeures victoriennes. Vous pouvez garer votre voiture autour de la vaste place Bourget afin d'explorer à pied les rues de Joliette. Le centre-ville s'étend autour du boulevard Manseau.

Joliette
★

Au début du XIXᵉ siècle, le notaire Barthélemy Joliette (1789-1850) ouvre de grands chantiers d'exploitation forestière dans la portion nord de la seigneurie de Lavaltrie, encore vierge. En 1823, il fonde autour de ses scieries «sa» ville, qu'il nomme «L'Industrie», nom synonyme de progrès et

de prospérité. L'agglomération croît si rapidement qu'en quelques années elle éclipse ses rivales, Berthier et L'Assomption. En 1864, elle est rebaptisée «Joliette» en l'honneur de son fondateur.

De nos jours, Joliette est un important centre de services pour l'ensemble de Lanaudière. On y trouve un évêché ainsi que deux institutions culturelles de renom, le Musée d'art de Joliette et l'Amphithéâtre de Lanaudière, où se tient en partie le célèbre Festival de Lanaudière, un festival de musique classique et populaire.

Au centre de la **place Bourget**, on trouvait autrefois l'édifice du marché et l'hôtel de ville, dons de M. Joliette. Depuis leur démolition, une esplanade entourée de commerces s'étend sur le site. Au fond, le **palais de justice**, dont la construction en 1862 allait confirmer le statut de Joliette comme capitale régionale, adopte le plan du modèle néoclassique propagé par le ministère des Travaux publics à l'époque.

 Empruntez le boulevard Manseau en direction de la cathédrale.

La **cathédrale Saint-Charles-Borromée** *(2 rue St-Charles-Borromée N.)* était à l'origine une simple église paroissiale, ce qui explique sa façade modeste à un seul clocher. Mais il ne faut pas s'y tromper, car les proportions de l'édifice, érigé selon les plans des architectes Perrault et Mesnard de 1888 à 1892, sont tout de même impressionnantes et rappellent celles des églises néoromanes de Montréal construites à la même époque. À l'intérieur, on peut voir quelques belles toiles, dont *Saint Charles au milieu des pestiférés de Milan*, un tableau d'Antoine Plamondon d'après Mignard, donné à la paroisse par M. Joliette en 1847, et huit fresques d'Ozias Leduc qui tapissent la voûte du transept.

Maison provinciale des clercs de Saint-Viateur ★ *(132 rue St-Charles-Borromée N.).* Joliette doit son dynamisme culturel aux clercs de Saint-Viateur (c.s.v.), qui s'y sont installés au milieu du XIXᵉ siècle. En 1939, ils entreprennent la construction de leur nouvelle maison d'après des croquis du père Wilfrid Corbeil, dont s'inspirera l'architecte montréalais René Charbonneau. L'édifice n'est pas sans rappeler les monastères allemands du Moyen Âge, avec ses massives arches néoromanes et sa lourde tour en pierre. La chapelle, au centre, est souvent décrite comme une adaptation moderne de l'église allemande de Frielingsdorff. Ses magnifiques vitraux, dessinés par Marius Plamondon, tout comme les sculptures des bancs et le chemin de croix, plongent le visiteur dans une atmosphère de mystère et de recueillement.

Musée d'art de Joliette ★★ *(4$; juil et août mar-dim 11h à 18h, sept à juin mer-dim 12h à 17h; 145 rue Wilfrid-Corbeil,* ☎*450-756-0311, www.musee.joliette.org).* Le père Wilfrid Corbeil c.s.v. a fondé ce musée exceptionnel à partir de la collection des clercs de Saint-Viateur, amassée au cours des années 1940 pour illustrer l'évolution des arts au Québec et dans le monde. Le plus important musée régional du Québec loge dans le bâtiment quelque peu rébarbatif de la rue Wilfrid-Corbeil depuis 1976. On peut y voir des œuvres majeures de peintres québécois et canadiens tels que Marc-Aurèle de Foy Suzor-Coté, Jean-Paul Riopelle et Emily Carr, mais aussi des œuvres

d'artistes européens et américains comme Henry Moore et Karel Appel. Une section est consacrée à l'art religieux québécois et une autre, plus surprenante encore, à l'art religieux du Moyen Âge et de la Renaissance, époques représentées par de belles pièces allemandes, françaises et italiennes.

 Le **Festival de Lanaudière** *(*☎*450-759-7636 ou billetterie* ☎*800-361-4595, www.lanaudiere.org)* constitue l'événement le plus important de la région. Et pour cause: pendant les plus belles semaines de l'été, des dizaines de concerts de musique classique, contemporaine et, plus rarement, populaire sont présentés dans les églises de la région ou encore, en plein air, au superbe **Amphithéâtre de Lanaudière** *(1575 boul. Base-de-Roc,* ☎*450-759-2999).*

 À proximité du site de l'Amphithéâtre de Lanaudière se trouve l'accès à la route 158 Est, que l'on emprunte en direction de Saint-Thomas et de Berthierville.

Autour de Saint-Thomas, on remarquera les fermes spécialisées dans la

culture du tabac. Les terres sablonneuses de la région ont favorisé cette forme d'agriculture, mais le déclin de l'industrie du tabac en Amérique du Nord a durement affecté plusieurs fermiers qui tentent aujourd'hui de se recycler. Certaines exploitations ont conservé les traditionnels séchoirs à tabac, ces petites structures cubiques en bois coiffées d'un toit pentu qui ponctuent le paysage.

Berthierville
★

Le **pont couvert Grandchamps** *(sur la droite, à proximité de la route 158)*, en bois, de type Town, qui traverse la rivière Bayonne, a été construit en 1883, ce qui en fait l'un des doyens de ce genre de structure popularisé aux États-Unis à la fin du XIXe siècle. On couvrait ces ponts de bois, réalisés à peu de frais par les populations locales, afin d'éviter le pourrissement de la structure du tablier.

L'**église Sainte-Geneviève** ★★ *(780 rue Montcalm)* constitue l'un des trésors de Lanaudière. Sa construction en 1787 en fait l'une des plus anciennes de la région. Mais c'est le décor intérieur de style Louis XVI, réalisé par Amable Gauthier et Alexis Millette entre 1821 et 1830, qui en fait vraiment un édifice exceptionnel. D'une richesse peu commune pour l'époque, il comprend le beau maître-autel de la première église, exécuté par Gilles Bolvin en 1759, le retable en coquille et la voûte ornée de fins losanges, ainsi que plusieurs tableaux parmi lesquels figurent une *Sainte Geneviève*, toile française du XVIIIe siècle disposée au-dessus du maître-autel, et six toiles de Louis Dulongré peintes en 1797.

Chapelle des Cuthbert *(entrée libre; début juin à début sept tlj 10h à 18h; accès par la rue de Bienville,* ☎*450-836-7336 ou 450-836-8158)*. La chapelle seigneuriale de la famille Cuthbert (1786), connue officiellement sous le voca-

ble de Saint Andrew, est le premier temple protestant à avoir été érigé au Québec. Dans les années qui ont suivi la conquête anglaise, l'architecture d'inspiration française était encore la seule à régner, faute d'architectes et de main-d'œuvre d'origine britannique, ce qui explique la configuration catholique de ce bâtiment conçu et élevé par le maçon Antoine Selton et le menuisier Vadeboncœur. Depuis 1978, le bâtiment sert de centre culturel aux résidants de Berthierville.

Gilles Villeneuve, champion de course automobile mort tragiquement en 1982 lors des essais de qualification du Grand Prix de Belgique, était originaire de Berthierville. Le **Musée Gilles-Villeneuve** *(7,50$; tlj 9h à 17h; 960 av. Gilles-Villeneuve,* ☎*450-836-2714 ou 800-639-0103, www.gilles.villeneuve.com)* est consacré à la carrière de l'illustre pilote de Formule 1 chez Ferrari. Depuis quelques années, son fils Jacques a pris la relève. En 1997, il a remporté le titre de champion du monde de Formule 1. Le musée consacre donc maintenant un volet à la carrière de Jacques Villeneuve.

Plus loin, vous pouvez emprunter la route 158 afin d'atteindre l'île Dupas et le village de **Saint-Ignace-de-Loyola**, d'où part le traversier menant à Sorel, sur la rive sud du Saint-Laurent *(voitures 5,35$ incluant le conducteur, passagers: moins de 5 ans gratuit; 5 à 11 ans 1,40$; 12 à 64 ans 2$; 65 ans et plus 1,80$; fin* *avr à fin oct, départ toutes les 30 min de 8h à 19h et toutes les heures de 6h à 3h, fin oct à fin avr horaire restreint; durée de la traversée: 10 min;* ☎*450-742-3313 ou 877-787-7483, www.traversiers.gouv.qc.ca).*

Empruntez la route 138 Ouest en direction de Lanoraie, de Lavaltrie et de Saint-Sulpice.

Lanoraie

La route 138 correspond au premier chemin du Roy, aménagé à partir de 1734 entre Montréal et Québec. Auparavant, les voyageurs étaient contraints de parcourir la distance en canot sur le fleuve Saint-Laurent. On peut apercevoir plusieurs maisons anciennes le long de cette route entre Berthierville et Lavaltrie.

Au **Coteau-du-Sable**, situé au nord-est du village de Lanoraie, se trouve un important site archéologique amérindien. Les Iroquois sédentaires y ont bâti au XIVe siècle une «maison longue» dont on a retrouvé les fondations. De nombreux objets fabriqués par les Amérindiens ont également été découverts sur le site depuis le début du XXe siècle.

Lavaltrie

Dans une belle demeure face au fleuve, sur le chemin du Roy, a été aménagée la **Galerie Archambault** *(entrée libre; lun-mer 11h à 18h, jeu-ven 11h à 20h, sam-dim 13h à 17h; 1303 rue Notre-Dame,* ☎*450-586-2202, www. galeriearchambault.com).* Ouverte depuis plus de 25 ans, elle présente des œuvres d'une cinquantaine de peintres et sculpteurs québécois.

Saint-Sulpice

Église Saint-Sulpice ★ *(1095 rue Notre-Dame).* L'église actuelle, la troisième du lieu, a été construite en 1832, mais a été mise au goût du jour en 1873 par Victor Bourgeau, qui lui a donné un nouveau décor d'inspiration gothique anglais. La voûte comporte un plafond à poutres apparentes, comme on en retrouve alors dans les églises anglicanes et presbytériennes. On remarquera le tabernacle du maître-autel, une œuvre majeure provenant de la seconde église, réalisé par François-Noël Levasseur vers 1750. À l'arrière de l'église, on a transporté une jolie chapelle en bois (1830) qui servait autrefois de reposoir (autel provisoire) pendant les processions de la Fête-Dieu.

Poursuivez par la route 138 Ouest en direction de Repentigny.

Repentigny

La ville de Repentigny porte le nom de son premier seigneur, Pierre Le Gardeur de Repentigny. Elle bénéficie d'un site agréable entre l'embouchure de la rivière L'Assomption et le majestueux fleuve Saint-Laurent.

L'**église de la Purification-de-la-Bienheureuse-Vierge-Marie** ★ *(445 rue Notre-Dame E.)* est la plus ancienne église du diocèse de Montréal puisqu'elle a été

érigée dès 1723. On y retrouve certaines caractéristiques des lieux saints de la Nouvelle-France, comme l'abside à pans coupés et l'orientation générale de l'édifice, son profil étant parallèle au fleuve. La façade, refaite en 1850, arbore maintenant deux tours au lieu de l'unique clocher, autrefois planté au sommet de la toiture. L'intérieur, gravement endommagé lors d'un incendie en 1984, a retrouvé sa simplicité du régime français lors de la restauration qui a suivi. On remarquera le beau maître-autel de style Louis XV, sculpté par Philippe Liébert en 1761.

Moulins à vent *(861 rue Notre-Dame E. et 14 rue du Vieux-Moulin).* Il est pour le moins surprenant d'apercevoir ces deux structures d'un autre âge au milieu des stations-service et des cottages de l'après-guerre. Le moulin du sieur Antoine Jetté, au numéro 861 de la rue Notre-Dame, a été érigé en 1823. Il a servi à moudre le grain jusqu'en 1915 et est maintenant utilisé comme remise. Quant au moulin de François Grenier, bâti en 1820, il est aujourd'hui abandonné.

Pour rentrer à Montréal, poursuivez par la rue Notre-Dame, à Repentigny, qui n'est en fait que le prolongement de la rue du même nom à Montréal.

Le royaume des coureurs des bois

L a rivière des Outaouais prend sa source dans le beau lac Témiscamingue, qui a laissé son nom à toute une région du Québec située à la frontière avec l'Ontario. Témiscamingue, mot d'origine amérindienne signifiant «l'endroit des eaux profondes», constituait autrefois le cœur des territoires algonquins.

Après avoir été le royaume des coureurs des bois pendant deux siècles, le Témiscamingue s'est tourné vers l'exploitation forestière à partir de 1850. L'hiver venu, les bûcherons de l'Outaouais «montaient dans le bois» pour couper la matière ligneuse que l'on croyait alors inépuisable. En 1863, les pères oblats s'installent dans la région. Ils fondent Ville-Marie en 1888, ce qui fait de cette ville la doyenne de toute la région de l'Abitibi-Témiscamingue.

➔ L'itinéraire

Le Témiscamingue est accessible soit par l'Abitibi, soit par l'Ontario. Dans le premier cas, suivez la route 391 Sud au départ de Rouyn-Noranda. À Rollet, empruntez la route 101 Sud puis la route 391 Sud jusqu'à Angliers. Dans le second cas, empruntez les routes 17, 533 et 63 en

Ontario (sur la rive sud de la rivière des Outaouais). Puis rendez-vous à Témiscaming, et parcourez le circuit que nous vous proposons en sens inverse.

À découvrir

Guérin

Le **Musée de Guérin** ★ *(5$; fin juin à début sept 10h à 17h; 913 rue Principale, ☎819-784-7014)* présente une intéressante collection d'objets religieux et agricoles dans une quinzaine de pavillons (lire «granges usées par le temps») retraçant l'histoire locale. Entre autres, on retrouve un camp de bûcherons, la maison d'un cultivateur et l'église du village. Cependant, la collection est menacée par le manque de temps, d'argent et surtout d'expertise. Il s'agit malgré tout d'une halte à ne pas manquer, ne serait-ce que pour voir ce qu'une poignée de

Le royaume des coureurs des bois

Le royaume des coureurs des bois

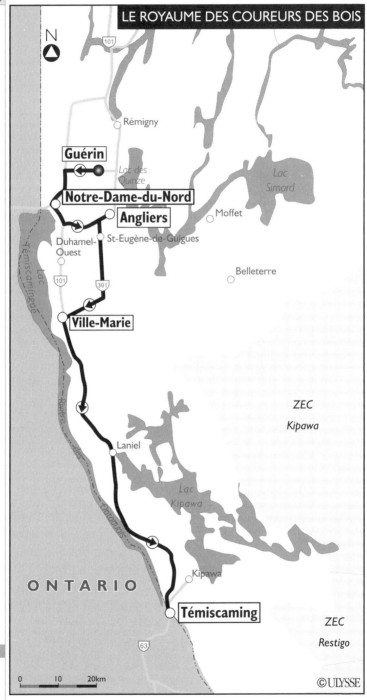

gens peuvent faire lorsqu'ils sont fiers de leur culture.

 Continuez par la route de Guérin-Nédélec jusqu'à la route 101, où vous prendrez la direction sud jusqu'à Notre-Dame-du-Nord.

Notre-Dame-du-Nord

Située en bordure du majestueux lac Témiscamingue, la petite municipalité de Notre-Dame-du-Nord vit maintenant surtout des revenus des secteurs agroalimentaires et manufacturiers.

Le **Centre thématique fossilifère** *(5$; début mai à fin juin lun-ven 10h à 17h, fin juin à début sept tlj 10h à 17h30; 5 rue Principale,* ☎*819-723-2500, www.rlcst.qc.ca)* expose une série de fossiles d'animaux marins retrouvés dans la région. Certains de ces fossiles datent de près de 400 millions d'années. Le Centre organise également des Safaris-Fossiles *(9,50$/personne, incluant la visite du musée)* qui permettent aux visiteurs de se rendre sur les sites fossilifères des environs de Notre-Dame-du-Nord.

 Au départ de Notre-Dame-du-Nord, continuez par la route 101 jusqu'à la montée Gamache, que vous suivrez jusqu'à Angliers.

Angliers

Jusqu'en 1975, le bois coupé sur les terres du Témiscamingue était acheminé vers les scieries des villes par flottage sur les nombreuses rivières de la région. Le village d'Angliers, sur le bord du lac des Quinze, a d'ailleurs longtemps vécu du flottage du bois. Au cours des dernières années, Angliers a misé sur sa vocation touristique, le site étant idéal pour la chasse et la pêche.

T.E. Draper/Chantier de Gédéon *(droit d'entrée; fin juin à début sept tlj 10h à 18h; 11 rue T.E. Draper,* ☎*819-949-4431).* Le remorqueur *T.E. Draper* a été mis en service en 1929. On s'en servait pour tirer les radeaux de bois. Lors de l'abandon des opérations de flottage, il a été remisé avant d'être acquis par des citoyens d'Angliers, qui l'ont amarré à proximité de l'ancien entrepôt de la Canadian International Paper Company (C.I.P.). Le Chantier de Gédéon, quant à lui, se présente comme une reconstitution d'un camp de bûcherons des années 1930-1940.

L'ensemble fait maintenant partie d'un centre d'interprétation sur le flottage du bois. Durant la visite de l'ancien entrepôt de la C.I.P., remarquez la façon dont les travailleurs ont francisé plusieurs mots anglais, formant ainsi une partie du joual.

 Prenez la route 391 Sud puis la route 382 jusqu'à Ville-Marie.

Ville-Marie

Lieu stratégique sur la route de la baie d'Hudson, le lac Témiscamingue est connu depuis le XVIIe siècle. Déjà en 1686, le chevalier de Troyes s'y arrête brièvement lors d'une expédition pour déloger les Anglais de la baie.

Un poste de traite est aménagé au bord du lac la même année. Au XIXe siècle, l'ouverture de chantiers au Té-

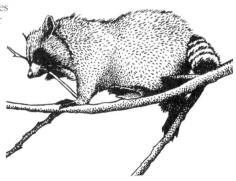

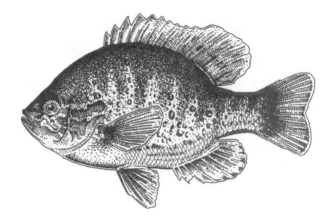

miscamingue amène une population saisonnière, bientôt remplacée par des colons qui s'établiront à proximité de la mission des oblats, donnant ainsi naissance à Ville-Marie. La ville occupe un bel emplacement au bord du lac, mis en valeur par l'aménagement d'un parc riverain.

La **Maison du Frère-Moffet** *(2,50$; fin juin à début sept tlj 10h à 18h; 7 rue Notre-Dame-de-Lourdes,* ☎*819-629-3533, www.maisondufreremoffet.com)*, un bâtiment en pièce sur pièce de 1881, est la première maison de Ville-Marie. Plusieurs des colons y ont résidé temporairement à leur arrivée dans la région. On comprend donc qu'elle revête un caractère particulier pour les gens du Témiscamingue. Après avoir été déménagée à quelques reprises, elle fut transportée sur son site actuel en 1978. Elle abrite depuis un centre d'interprétation de l'histoire du Témiscamingue. La maison offre de belles vues sur le lac. L'édifice en pierre (1939), à l'arrière, logeait autrefois l'École d'agriculture du Témiscamingue.

Le **Lieu historique national du Fort-Témiscamingue** ★★ *(5$; juin fin août à début sept tlj 9h à 17h, fin juin à fin août tlj 9h30 à 17h30, hors saison sur réservation; 834 ch. du Vieux-Fort,* ☎*819-629-3222 ou 800-463-6769, www.pc.gc.ca)* est situé à 6 km au sud de Ville-Marie. Ce site rappelle l'importance de la traite des fourrures dans l'économie québécoise. De la Compagnie du Nord-Ouest au régime français, en passant par la Compagnie de la Baie d'Hudson, le fort Témiscamingue, habité de 1720 à 1902, fut un lieu de rencontre entre différentes cultures et religions, entre Blanc et Amérindiens.

Une exposition interactive met en valeur la collection archéologique et la trame historique du lieu. Vous retrouverez aussi des plates-formes et des scénographies rappelant l'emplacement des anciens bâtiments ainsi que leur fonction. Tout près, vous verrez la «Forêt enchantée», plantée de thuyas de l'Ouest déformés par la rigueur hivernale et bordée par le majestueux lac Témiscamingue, témoin de plusieurs millénaires d'histoire.

 La visite guidée d'une demi-heure de la petite boutique **Les chocolats Martine** *(2$ pour la visite, fin juin à début sept sur réservation 24 heures à l'avance; 5 rue Ste-Anne O.,* ☎*819-622-0146, www.chocolatmartine.com)* et de la fabrique artisanale adjacente permet aux clients de découvrir les multiples secrets des étapes de la confection du chocolat. Une dégustation d'un de leurs délices conclut agréablement la visite.

Suivez la route 101 Sud jusqu'à Témiscaming.

Témiscaming

Ville mono-industrielle, Témiscaming a été fondée en 1917 par la compagnie papetière Riordon. Le service d'aménagement de la compagnie a créé de toutes pièces une «ville nouvelle» à flanc de colline. Elle reprend à son compte le modèle des cités-jardins britanniques.

Les architectes Ross et Macdonald de Montréal concevront les plans des jolies maisons Arts & Crafts, ainsi que la plupart des édifices publics que l'on peut encore admirer de nos jours à Témiscaming. On notera la présence d'une fontaine en marbre florentin et d'un puits vénitien en bronze en plein quartier résidentiel, apport charmant quoique anachronique à l'aménagement des lieux.

Les visiteurs ont l'occasion, dans l'usine **Tembec** ★ *(entrée libre; lun-ven 9h à 15h, réservations requises 24 heures à l'avance; 33 rue Kipawa, ☎819-627-3321, www.tembec.ca)*, de découvrir tout le processus de la fabrication du papier et du carton.

De réputation internationale, la **Réserve Beauchêne** *(☎819-627-3865 ou 888-627-3865, www.beauchene.com)* propose la formule dite de «pêche sportive», selon laquelle les poissons doivent être remis à l'eau. De cette façon, on vous assure une qualité de pêche supérieure. De plus, les chambres sont très confortables, et la table est renommée. Seul hic, le site Internet ne s'adresse pas aux francophones!

Le royaume des coureurs des bois

Un tour en Beauce

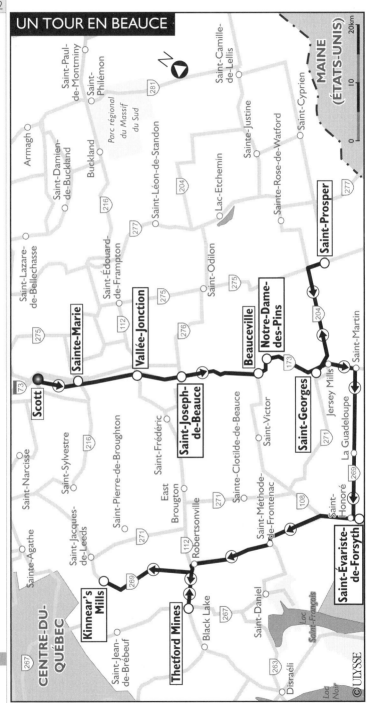

UN TOUR EN BEAUCE

MAINE (ÉTATS-UNIS)

CENTRE-DU-QUÉBEC

Saint-Prosper

Sainte-Marie

Vallée-Jonction

Beauceville

Notre-Dame-des-Pins

Scott

Saint-Joseph-de-Beauce

Saint-Georges

Kinnear's Mills

Thetford Mines

Saint-Évariste-de-Forsyth

© ULYSSE

Un tour en Beauce

Sur les berges de la rivière Chaudière se déploient les paysages de la très pittoresque Beauce, aux harmonieuses collines verdoyantes où prospèrent de nombreuses fermes depuis des siècles.

Les clochers d'église annoncent de petits villages qui rythment de façon régulière la campagne beauceronne. La Beauce possède par ailleurs la plus grande concentration d'érablières au Québec, faisant de cette région un véritable royaume de la «cabane à sucre».

 L'itinéraire

De Québec, empruntez l'autoroute 73 Sud (traversez le pont Pierre-Laporte). Sur la droite apparaît bientôt la chute de la rivière Chaudière. Continuez jusqu'à la sortie 101 vers Scott, d'où vous emprunterez la route 173 jusqu'à Saint-Georges. Cette route, qui longe la rivière Chaudière jusqu'à la frontière canado-américaine, a été baptisée «route du Président-Kennedy».

À découvrir

Scott

L'un des premiers promoteurs du chemin de fer Lévis & Kennebec Railway, Charles Armstrong Scott, a laissé son nom à ce village dont la prospérité relève, en partie, de sa gare, qui servit pendant quelque temps de terminal pour la Beauce. L'**église Saint-Maxime** (1904), tout de bois, est coiffée d'un élégant clocher.

Poursuivez en direction de Sainte-Marie. Quittez momentanément la route du Président-Kennedy pour suivre la rue Notre-Dame Nord, qui mène au centre de la ville.

Sainte-Marie

Thomas Jacques Taschereau reçoit, en 1736, la première seigneurie concédée en Beauce. Ses descendants, qui la conserveront jusqu'à la fin du régime seigneurial (1854), feront de Sainte-Marie le centre de leur domaine. La petite ville va devenir un pôle d'attraction important dans la région au cours du XIXe siècle. Les commerces et les institutions s'y multiplient

le long de la rue Notre-Dame. Deux incendies dévastateurs, l'un en 1908 et l'autre en 1926, viendront cependant effacer les traces de cette période faste. Aujourd'hui, Sainte-Marie est surtout connue pour les «petits gâteaux Vachon» de l'entreprise fondée sur place en 1923 par Rose-Anna Giroux et Arcade Vachon.

Chapelle Sainte-Anne *(750 rue Notre-Dame N.).* Une première chapelle dédiée à sainte Anne fut érigée sur le domaine du seigneur en 1778. Construite en 1892 selon les plans de Georges-Émile Tanguay, la chapelle actuelle est la troisième à occuper le même emplacement. Elle renferme une statue miraculeuse de la bonne sainte Anne, à laquelle les résidants de la Beauce, pour la plupart originaires des environs de Sainte-Anne-de-Beaupré, vouaient un culte particulier, notamment durant la période des crues printanières, souvent dévastatrices.

La **maison J.A. Vachon** *(5$; juil et août tlj 9h à 16h30, reste de l'année sur réservation pour les groupes d'au moins quatre personnes; 383 rue de la Coopérative,* ☎ *418-387-4052 ou 866-387-4052)* constitue un centre d'interprétation qui retrace l'histoire des «petits gâteaux Vachon» en proposant une visite de la maison qu'habitait la famille Vachon lorsqu'elle mit sur pied l'entreprise. La maison est classée monument historique.

Le manoir seigneurial de Sainte-Marie a été démoli en 1956. De l'ancien domaine, seules subsistent la chapelle Sainte-Anne et l'imposante maison néoclassique construite en 1809 pour le fils du second seigneur de Sainte-Marie, Jean-Thomas Taschereau: le **manoir Taschereau** *(5$; sur réservation et pour groupe de 10 personnes et plus; 730 rue Notre-Dame N.,* ☎ *418-387-3233).* C'est ici que naquit Elzéar-Alexandre Taschereau (1820-1898), qui allait devenir en 1886 le premier cardinal canadien. La maison est ouverte aux visiteurs, bien qu'une partie soit toujours habitée par la famille.

L'historique **maison Pierre-Lacroix** *(entrée libre; mi-juin à début sept tlj 13h à 17h, mi-sept à début oct sam-dim 13h à 17h; 552 rue Notre-Dame N.,* ☎ *418-386-3821)* est reconnaissable entre toutes puisqu'il s'agit de la seule habitation en moellons de Sainte-Marie et qu'elle s'impose par sa grosseur. Elle fait aujourd'hui office de centre culturel surtout axé sur l'artisanat. On y expose et vend le travail des artisans de la région.

Au numéro 640 de la rue Notre-Dame se dresse la **maison Dupuis** *(5$; juin à août mar-ven 9h à 16h30, sam et lun 10h à 16h, dim 13h à 16h; 640 rue Notre-Dame S.,* ☎ *418-387-7221),* une jolie petite maison de bois blanche et noire. À l'intérieur sont présentées deux expositions. La première nous fait revivre les débuts de l'aviation au Québec en racontant l'histoire des pionniers de l'air originaires de Saint-Marie. La seconde exposition relate, quant à elle, l'histoire du Père Gédéon, personnage mémorable créé par Doris Lussier.

Église Saint-Nom-de-Marie ★ *(60 rue Notre-Dame S.).* Le centre de Sainte-Marie est aménagé directement en bordure de la rivière Chaudière, le mettant périodiquement à la merci des fortes crues printanières qui inondent bon an mal an maisons et commerces. Légèrement désaxée par rapport à la rue Notre-Dame, se dresse cette élégante église catholique de style néogothique dessinée par Charles Baillairgé en 1856. Son décor intérieur en trompe-l'œil a été réalisé par le peintre décorateur F.E. Meloche en 1887. Le plafond à nervures, soutenu par des piliers fasciculés, est particulièrement réussi. L'église renferme quelques œuvres intéressantes dont un bas-relief en bois intitulé *La Madone des Croisades*.

 Suivez la rue Notre-Dame Sud jusqu'à l'embranchement avec la route du Président-Kennedy, que vous reprendrez vers le sud.

Un circuit facultatif vous mène de l'autre côté de la rivière Chaudière, près du petit village de Saint-Elzéar, plus exactement à l'**Observatoire Mont Cosmos** *(5$; réservations requises; fin juin à début sept mer-sam 20h à 24h; 750 rang Haut-Ste-Anne,* ☎*418-386-2880 ou 654-1577)*: un véritable observatoire muni d'un télescope moderne, pour avoir la tête dans les étoiles! Les activités d'interprétation qu'on y propose sont très instructives et vous laisseront, une fois de plus, pantois d'admiration devant le monde céleste.

Vallée-Jonction

Ce village constitua la plaque tournante du transport par rail dans la Beauce. On y voit encore la gare en pierre (1917) qui abrite le **Centre d'interprétation ferroviaire de Vallée-Jonction** *(4$; mi-juin à début sept mar-dim 9h à 17h; 397 boul. Rousseau,* ☎*418-253-6449, www.garevalleejonction.ca)* et toutes les infrastructures nécessaires à un centre de triage. À proximité, une halte routière a été aménagée, permettant de voir de plus près la rivière Chaudière. Des panneaux d'interprétation et un belvédère s'ajoutent aux installations.

 À l'approche de Saint-Joseph-de-Beauce, quittez la route 173 pour vous rendre au centre de la ville en longeant la rivière.

Saint-Joseph-de-Beauce
★

La ville de Saint-Joseph est reconnue pour son ensemble institutionnel fort bien conservé de la fin du XIXe siècle. Celui-ci est établi sur un coteau à une bonne distance de la rivière; il est donc à l'abri des inondations. Les premières maisons, érigées directement sur les rives, ont depuis longtemps été détruites ou, dans certains cas, déménagées vers les hautes terres, ce qui explique que seuls quelques aménagements légers (terrains de jeu, aires de pique-nique) bordent aujourd'hui la rive.

L'**église Saint-Joseph** ★ *(740 av. du Palais)*, de style néoroman, en pierre, a été dessinée en 1865 par les architectes François-Xavier Berlinguet et Joseph-Ferdinand Peachy, tous deux de Québec. Le **presbytère** fut, quant à lui, réalisé par George-Émile Tanguay, au retour d'un voyage en France effectué au cours des années 1880, époque qui marque l'apogée du style néo-Renaissance française dans la région parisienne. Tanguay s'est inspiré de cette mode pour le dessin du presbytère en brique et en pierre, véritable petit palais pour le curé et ses vicaires.

Musée Marius-Barbeau ★ *(6$; début sept à fin juin lun-ven 8h30 à 12h et 13h à 16h30, sam-dim 13h à 16h; déc et jan fermé sam-dim; fév et mars fermé sam;*

fin juin à début sept lun-ven 8h30 à 17h, sam-dim 10h à 17h; 139 rue Ste-Christine, ☎*418-397-4039, www. museemariusbarbeau.com).* Ce centre d'interprétation de l'histoire de la Beauce relate les différentes étapes du développement de la vallée de la Chaudière, des premières seigneuries au percement des voies de communication, en passant par la ruée vers l'or du XIXe siècle. Les arts et traditions populaires étudiés par l'ethnologue et folkloriste beauceron Marius Barbeau y tiennent également une grande place. Le musée est installé dans l'ancien couvent des sœurs de la Charité (1887), bel édifice en briques polychromes de style Second Empire. L'ancien orphelinat, qui loge aujourd'hui des organismes sociaux, avoisine le couvent au sud.

Beauceville

En 1846, on trouva une énorme pépite d'or dans le lit d'un affluent de la Chaudière, la rivière Gilbert. Dès lors commença une ruée vers l'or qui ne prit fin qu'au début du XXe siècle, lorsque l'on réalisa que la précieuse ressource était sans doute épuisée. Beauceville se situait au cœur de cette frénésie, qui fit quelques chanceux, mais en ruina plus d'un. Plusieurs Beaucerons s'étant fait chercheurs

d'or déménagèrent alors au Klondike (Yukon) afin de poursuivre leurs activités. William Chapman (1850-1917), poète, lauréat de l'Académie française et officier d'Instruction publique de France, est originaire de Beauceville. On lui doit notamment *Les Québécoises* (1876) et *Les feuilles d'érable* (1890), œuvres en vers, lyriques et patriotiques.

 Poursuivez en direction de Notre-Dame-des-Pins.

Notre-Dame-des-Pins

Point de départ de plusieurs chercheurs d'or au XIXe siècle, Notre-Dame-des-Pins est de nos jours un tranquille petit village dont le principal attrait est son **pont couvert** érigé en 1928, sur lequel on peut se promener à pied. Il s'agit du plus long pont du genre au Québec (154 m).

Saint-Georges

Divisée en Saint-Georges-Ouest et Saint-Georges-Est, de part et d'autre de la rivière Chaudière, la capitale industrielle de la Beauce rappelle les «villes de manufactures» de la Nouvelle-Angleterre. Le marchand d'origine allemande Johann George Pfozer (1752-1848) est considéré comme le véritable père de Saint-Georges, ayant tiré profit de l'ouverture de la route Lévis-Jackman en 1830 pour y faire naître une industrie forestière. Au début du XXe siècle, des filatures (Dionne Spinning Mill) et des manufactures de chaussures emménagent dans la région, favorisant une augmentation importante de la population. Saint-Georges est de nos jours une ville tentaculaire dont la périphérie est quelque peu rébarbative, mais dont le centre recèle quelques trésors.

L'église Saint-Georges ★★ *(1re Avenue, St-Georges-Ouest)* est juchée sur un promontoire dominant la rivière Chaudière. Entreprise en 1900, elle constitue sans contredit le chef-d'œuvre de l'architecte David Ouellet de Québec (réalisé en collaboration avec Pierre Lévesque). L'art de la Belle Époque y trouve ses lettres de noblesse, que ce soit à l'examen de son clocher central culminant à 75 m ou dans son magnifique intérieur à trois niveaux, abondamment sculpté et doré. Devant l'église trône la statue de *Saint Georges terrassant le dragon*. L'original de Louis Jobin, réalisé en bois recouvert de métal (1909), est exposé au Musée national des beaux-arts du Québec, à Québec. La statue visible à l'extérieur est une copie en fibre de verre qui remplace le modèle devenu trop fragile.

 À Saint-Georges débute une belle grande piste cyclable qui parcourt les rives ouest et est de la rivière Chaudière jusqu'à Notre-Dame-des-Pins et Saint-Jean-de-la-Lande. Cette voie vous fera découvrir les beautés des petits coins cachés de la Beauce, qui valent à coup sûr le coup de pédales! Si un pépin venait à entraver votre promenade, souvenez-vous que Saint-Georges renferme l'entreprise Procycle, le plus gros fabricant de vélos au Canada!

 Prenez la route 204 vers l'est puis la route 275 vers le sud pour rejoindre Saint-Prosper.

Saint-Prosper

Le **Village des défricheurs** *(8$; mi-juin à début sept tlj 9h à 17h30, reste de l'année sur réservation; 3821 route 204, ☎418-594-6009 ou 866-594-6009, www.village-des-defricheurs.qc.ca)* constitue un centre d'interprétation relatant la vie rurale de la région au XIXe siècle et au début du XXe siècle. Il compte une dizaine de bâtiments anciens rappelant les différents métiers de l'époque, dont la scierie, la forge, l'école et la fromagerie. Un impressionnant manoir se dresse sur le site et abrite des collections d'œuvres d'artistes et d'objets de la région.

 De Saint-Georges, suivez la route 173 Sud jusqu'à Jersey Mills, où vous bifurquerez à droite sur la route 204 pour longer la rivière Chaudière jusqu'à Saint-Martin. Prenez à droite la route 269, qui conduit à La Guadeloupe et à Saint-Évariste-de-Forsyth, situé en retrait de la route 108, au cœur de la Haute-Beauce.

Saint-Évariste-de-Forsyth

La Haute-Beauce est une région isolée, constituée de hauts plateaux cultivés depuis la fin du XIXe siècle seulement. Les villages y sont récents et peu peuplés, mais les résidants sont accueillants et chaleureux. Saint-Évariste domine ce territoire, offrant de belles vues sur les fermes et les érablières avoisinantes.

Revenez à la route 269, que vous emprunterez vers le nord en direction de Saint-Méthode-de-Frontenac. À Robertsonville, prenez la route 112 à gauche pour une visite du «Pays de l'amiante», ce minerai apprécié pour ses propriétés isolantes et sa résistance thermique, mais entouré d'une vive controverse.

Un tour en Beauce

Thetford Mines

La découverte d'amiante dans la région en 1876, cet étrange minerai filamenteux et blanchâtre, allait permettre le développement d'une portion du Québec jusque-là considérée comme fort éloignée. Les grandes entreprises américaines et canadiennes qui ont exploité les mines d'Asbestos, de Black Lake et de Thetford Mines, jusqu'à leur nationalisation au début des années 1980, ont érigé des empires industriels qui ont hissé le Québec au premier rang des producteurs mondiaux d'amiante.

Souvent dépeinte comme un milieu désolant, où les gens vivent misérablement entre des montagnes de débris noirs (les terrils) provenant des immenses carrières à ciel ouvert, la région a servi de cadre au film *Mon oncle Antoine* de Claude Jutra. Cette grisaille ne manque toutefois pas d'exotisme pour le visiteur qui désire explorer l'Amérique industrielle et connaître les méthodes d'extraction de même que les diverses utilisations de l'amiante dans la recherche et dans l'aérospatiale.

De superbes collections de pierres et de minéraux provenant du monde entier se retrouvent au **Musée minéralogique et minier de Thetford Mines** *(7,50$; fin juin à mi-août tlj 9h30 à 18h, mi-août à début sept 9h30 à 17h, début sept à fin juin mar-dim 13h à 17h; 711 boul. Frontenac O., ☎418-335-2123, www.mmmtm. qc.ca)*. Le musée présente notamment des échantillons d'amiante de plus de 25 pays. Des expositions expliquent aux visiteurs l'histoire du développement des mines ainsi que les différentes caractéristiques des minéraux et des roches du Québec.

Les **visites minières** ★★ *(www. tourisme-amiante.com)* offrent une occasion unique de visiter une mine d'amiante en pleine exploitation. Deux types de visites sont proposées. Les visites de la **mine à ciel ouvert** *(17$*

incluant l'entrée au Musée minéralogique; fin juin à début sept sur réservation; ☎418-423-3333 ou 877-335-7141) permettent de descendre dans les puits d'une profondeur de 354 m et de visiter les sites d'extraction, d'ensachage et d'expédition, et d'observer les immenses camions et pelles utilisés pour extraire le minerai de la terre. Les visites d'une **galerie souterraine de la mine Bell** *(46$ incluant l'entrée au Musée minéralogique; sur réservation; fin juin à début sept, tlj à 10h sauf le mardi; âge minimal 14 ans; ☎418-423-3333 ou 877-335-7141)*, quant à elles, emmènent les visiteurs à 316 m de profondeur pour y découvrir les différentes facettes du travail de mineur. L'habillement requis est fourni, mais les participants doivent pouvoir se déplacer de façon autonome et être à l'aise dans les endroits clos.

Black Lake *(8 km au sud-ouest de Thetford Mines par la route 112)*, à côté de Thetford Mines, offre un des plus impressionnants panoramas miniers en Amérique du Nord.

 Revenez à la route 269, que vous emprunterez vers le nord en direction de Kinnear's Mills et de Saint-Jacques-de-Leeds. Isolé à l'écart de la route principale, le hameau de

Kinnear's Mills mérite une petite visite.

Kinnear's Mills

Entre 1810 et 1830, le gouvernement colonial britannique ouvre des cantons, aux noms à consonance anglaise, sur les terres qui n'ont pas encore été concédées aux seigneurs. Des émigrants irlandais, anglais et écossais viennent s'y fixer en petit nombre, bientôt supplantés par les Canadiens français. Ce mélange donnera parfois des noms de village qui semblent étranges aux visiteurs (Saint-Jacques-de-Leeds, Saint-Hilaire-de-Dorset, etc.).

Le village de Kinnear's Mills, sur les berges de la rivière Osgoode, a été fondé par des Écossais en 1821. On y trouve une étonnante concentration d'églises de différentes dénominations reflétant la diversité ethnique de la région: l'église presbytérienne (1873), l'église méthodiste (1876), l'église anglicane (1897) de même que l'église catholique, de construction plus récente.

 Poursuivez en direction de Saint-Jacques-de-Leeds, où vous pourrez voir d'autres églises coquettes, avant de regagner Québec par la route 269 Nord et la route 116.

Mel. Pierson

Un tour en Beauce

La vallée de la Gatineau

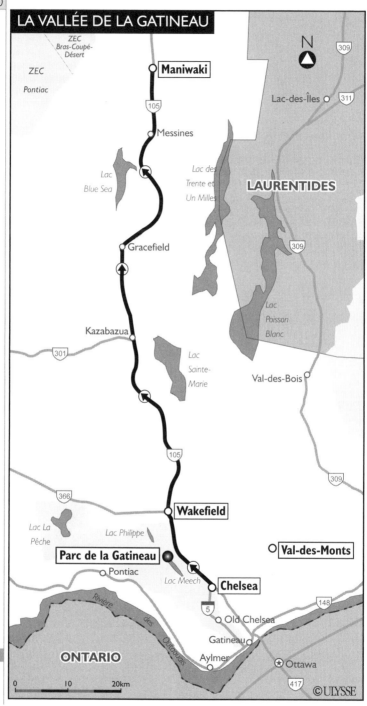

LA VALLÉE DE LA GATINEAU

ZEC Bras-Coupé-Désert

ZEC Pontiac

Maniwaki

105

Messines

Lac Blue Sea

Lac des Trente et Un Milles

LAURENTIDES

Lac-des-Îles

309

311

309

Gracefield

Kazabazua

301

Lac Sainte-Marie

Lac Poisson Blanc

Val-des-Bois

105

309

366

Lac La Pêche

Lac Philippe

Parc de la Gatineau

Pontiac

Lac Meech

Wakefield

Val-des-Monts

Chelsea

5

Old Chelsea

Gatineau

148

ONTARIO

Rivière des Outaouais

Aylmer

Ottawa

417

0   10   20km

©ULYSSE

N

La vallée de la Gatineau

L a vallée de la Gatineau était autrefois habitée par les Algonquins, qui ont longtemps pratiqué la traite des fourrures avec les Français, puis avec les Anglais de la Compagnie de la Baie d'Hudson, avant d'être refoulés par la colonisation au XIXe siècle.

C'est de nos jours une contrée rurale paisible ponctuée de villages fondés par des loyalistes américains ou par des colons écossais. L'industrie forestière occupe une place croissante dans l'économie de la vallée à mesure que l'on «monte dans le nord». Le bois coupé était autrefois acheminé jusqu'à l'ancienne ville de Hull par flottage sur la rivière Gatineau.

 L'itinéraire

La voiture et la bicyclette demeurent les meilleurs moyens pour explorer l'ensemble de la vallée. Empruntez la promenade de la Gatineau à partir du boulevard Taché, dans le secteur de Hull de la nouvelle grande ville de Gatineau. On pénètre alors immédiatement dans le parc de la Gatineau, créé en 1934 par le premier

ministre canadien William Lyon Mackenzie King.

À découvrir

Parc de la Gatineau
★ ★

Le **parc de la Gatineau** *(centre d'accueil des visiteurs, 33 ch. Scott, Chelsea, ☎819-827-2020 ou 800-465-1867)* est le point de départ de ce circuit. Fondé en 1934, ce parc vallonné, riche en lacs et rivières, couvre une superficie de plus de 35 000 ha.

Pour vous rendre au centre d'accueil des visiteurs du parc de la Gatineau, au départ de Gatineau prenez l'autoroute 5 vers le nord jusqu'à la sortie 12. Tournez à gauche dans le chemin Old Chelsea puis à droite dans le chemin Scott. Pour aller au Domaine Mackenzie-King, prenez le chemin Kingsmere

La vallée de la Gatineau

vers l'ouest, puis la rue Barnes à gauche.

William Lyon Mackenzie King fut premier ministre du Canada de 1921 à 1930 puis de 1935 à 1948. Il s'intéressa aux arts et à l'horticulture presque autant qu'à la politique. King aimait se retirer dans sa résidence d'été, près du lac Kingsmere, aujourd'hui intégrée au parc de la Gatineau. Le **Domaine Mackenzie-King** ★★ *(entrée et stationnement 8$; mi-mai à mi-oct lun-ven 11h à 17h, sam-dim et jours fériés 10h à 18h; rue Barnes, Chelsea, ☎819-827-2020 ou 800-465-1867)*, ouvert au public, comprend deux maisons (l'une d'entre elles a été transformée en un charmant salon de thé), un jardin à l'anglaise et surtout des *follies*, ces fausses ruines que les esprits romantiques affectionnent tant. Cependant, contrairement à la plupart de ces structures, qui sont érigées de toutes pièces, les ruines du domaine Mackenzie-King sont d'authentiques fragments de bâtiments provenant principalement du premier parlement canadien, incendié en 1916, et du palais de Westminster, endommagé par les bombes allemandes en 1941.

 Reprenez le chemin Kingsmere vers l'est jusqu'à Chelsea.

Chelsea

La ville de Chelsea, sur la route 105, a vu le jour en 1819 grâce à deux marchands originaires du Vermont (États-Unis) qui y ont acquis des terres après avoir refusé d'acheter pour 40$ le terrain où s'élève de nos jours le parlement canadien.

Du village de Chelsea, empruntez le chemin du lac Meech. La route longe le lac, pour finalement aboutir à l'extrémité du lac Mousseau, aussi appelé «lac Harrington». La résidence d'été officielle du premier ministre canadien se trouve dans les environs. Prenez à droite le chemin non revêtu pour rejoindre la route 105 Nord. On de-

vinera les querelles toponymiques de la Gatineau, car on se dirige maintenant vers Wakefield, aussi appelé «La Pêche» depuis la fusion de quelques villages bordant la rivière du même nom.

Wakefield
★

Wakefield est une jolie petite ville anglo-saxonne située à l'embouchure de la rivière La Pêche. Elle fut fondée vers 1830 par des colons écossais, anglais et irlandais. Il fait bon se promener dans sa rue principale, bordée d'un côté par des boutiques et des cafés, et de l'autre par la belle rivière Gatineau, traversée au loin par le **pont Gendron**. Ce long pont couvert arbore une couleur rouge brique qui se détache, en été, du vert de la forêt qui l'entoure.

 Wakefield est le point d'arrivée du populaire **Train à vapeur Hull-Chelsea-Wakefield** ★ *(nombreux forfaits sur réservation; 165 rue Deveault, ☎819-778-7246 ou 800-871-7246, www. trainavapeur.ca)*. Imaginez que vous contemplez les paysages magnifiques du parc et de la rivière Gatineau tout en étant confortablement installé à bord d'un train à vapeur datant de 1907... C'est cette balade mémorable que vous propose le train à vapeur Hull-Chelsea-Wakefield. Si la promenade vous tente mais que vous ne désiriez pas faire l'aller-retour en train, sachez qu'il est possible de traverser le parc de la Gatineau à vélo et de revenir en train.

 La petite ville de Wakefield réserve quelques plaisirs à ceux qui aiment déambuler tranquillement en fouinant dans des boutiques. Parmi celles-ci, la boutique **Jamboree** *(740 ch. Riverside, ☎819-459-2537)* propose une belle sélection d'artisanat d'ici et d'ailleurs, ainsi que des produits maison: confitures, chutneys et achards (*relish*) (aux bleuets sauvages ou aux courgettes, s'il faut choisir).

Val-des-Monts

Non loin de Wakefield, à l'est, au cœur d'une belle campagne, se cache ce qui demeure la plus grande caverne connue du Bouclier canadien: la **Caverne Laflèche** *(14$; réservations requises; juin à début sept tlj 8h30 à 17h, début sept à fin juil ven-dim 8h30 à 17h30; 255 route Principale, ☎819-457-4033 ou 877-457-4033, www.aventurelafleche.ca)*. Pas besoin d'être un passionné de spéléologie pour vous y rendre, votre guide le sera pour vous! Ses explications, au cours d'une visite de plus d'une heure, vous enseigneront quelques notions de géologie qui vous donneront peut-être envie d'en voir plus.

 Au-delà du parc de la Gatineau, la route 105 se fraie un chemin entre les montagnes jusqu'à la jonction avec la route 117. Une excursion facultative conduit en pays forestier au départ de Wakefield. La principale agglomération de cette portion isolée et sauvage de l'Outaouais est la petite ville de Maniwaki.

Maniwaki

Au début du XIXᵉ siècle, Maniwaki est encore au cœur des territoires algonquins. La Compagnie de la Baie d'Hudson y ouvre alors un poste de traite des fourrures afin de faciliter les échanges entre chasseurs de peaux amérindiens et marchands blancs. Lorsque la coupe du bois a succédé au commerce des pelleteries, Maniwaki est devenue un important centre de ravitaillement pour les bûcherons, qui venaient s'y équiper avant de monter au chantier pour la durée de l'hiver. Plusieurs des habitants de Maniwaki étaient à l'époque passés maîtres dans l'art de la drave (flottage du bois) sur la rivière Gatineau. Le **parc du Draveur** les fait revivre à travers une sculpture de Donald Doiron entourée de panneaux d'interprétation.

Le **Château Logue** *(2$; mai à oct mar-dim 10h à 17h; 8 rue Comeau, ☎819-449-7999)*, ancienne demeure en pierre de style Second Empire, a été construit en 1887 pour le marchand d'origine irlandaise Charles Logue. Elle abrite de nos jours des salles d'exposition ainsi que le **Centre d'interprétation de l'historique de la protection de la forêt contre le feu**. Ce centre raconte l'évolution des différents moyens mis en œuvre pour protéger des incendies la précieuse ressource qu'est la forêt québécoise.

 La route traverse ensuite plusieurs villages forestiers avant Grand-Remous, où se trouve la jonction avec la route 117 Nord. Cette dernière permet plus loin d'atteindre la réserve faunique La Vérendrye et la région de l'Abitibi-Témiscamingue.

La vallée de la Gatineau

La vallée de la rivière Jacques-Cartier

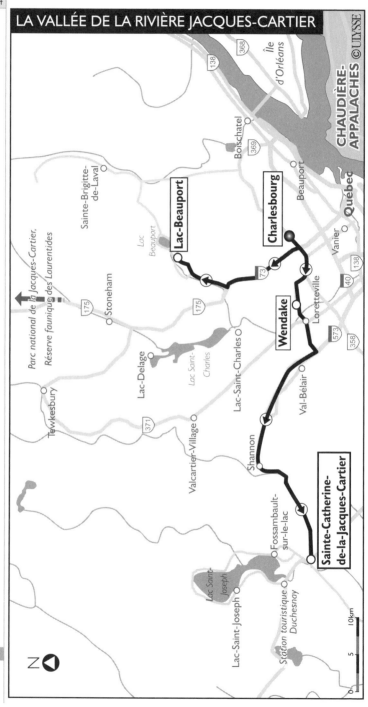

LA VALLÉE DE LA RIVIÈRE JACQUES-CARTIER

©ULYSSE

CHAUDIÈRE-APPALACHES

île d'Orléans

Québec

Vanier

Beauport

Boischatel

Charlesbourg

Lac-Beauport

Lac Beauport

Sainte-Brigitte-de-Laval

Stoneham

Loretteville

Wendake

Lac-Saint-Charles

Lac Saint-Charles

Lac-Delage

Val-Bélair

Parc national de la Jacques-Cartier, Réserve faunique des Laurentides

Tewkesbury

Valcartier-Village

Shannon

Fossambault-sur-le-lac

Sainte-Catherine-de-la-Jacques-Cartier

Lac Saint-Joseph

Lac-Saint-Joseph

Station touristique Duchesnay

N

0   5   10km

La vallée de la rivière Jacques-Cartier

Idéal pour le camping, les descentes de rivière et d'autres activités de plein air, le circuit de la Jacques-Cartier illustre à quel point la forêt vierge est proche de la grande ville. En effet, Québec, la capitale nationale, ne se trouve qu'à quelques dizaines de kilomètres de cette région sauvage.

Après un court passage au milieu des premières zones de peuplement de la Nouvelle-France, ce circuit aborde les secteurs de villégiature des Laurentides, pour enfin s'enfoncer dans la nature sauvage de la vallée de la rivière Jacques-Cartier et de la réserve faunique des Laurentides.

L'itinéraire

De Québec, empruntez la côte d'Abraham qui tourne dans la rue de la Couronne, puis suivez l'autoroute Laurentienne (73) jusqu'à la sortie 150. Prenez à droite la 80ᵉ Rue Ouest, qui conduit au cœur du Trait-Carré de Charlesbourg. Ou continuez par l'autoroute 73, qui vous permettra de poursuivre le circuit et de vous rendre jusqu'au parc national de la Jacques-Cartier.

À découvrir

Charlesbourg
★

 Il est recommandé de garer sa voiture à proximité de l'église Saint-Charles-Borromée et de parcourir à pied le Trait-Carré.

L'**église Saint-Charles-Borromée** ★ ★ *(135 80ᵉ Rue O.)* a révolutionné l'art de bâtir en milieu rural au Québec. L'architecte Thomas Baillairgé, influencé par le courant palladien, innove surtout par la disposition rigoureuse des ouvertures de la façade, qu'il coiffe d'un large fronton. En outre, l'église de Charlesbourg a l'avantage d'avoir été réalisée d'un trait et d'être demeurée intacte depuis. Rien n'est donc venu contrecarrer le projet original.

Au fond du chœur, plus étroit que la nef, se trouve le retable en arc de triomphe, au centre duquel trône un tabernacle, rappelant ainsi la basilique Saint-Pierre de Rome, avec une toile du XVIIᵉ siècle d'après Pierre Mignard intitulée *Saint Charles Borromée distribuant la communion aux pestiférés de Milan*. Deux belles statues de Pierre-Noël Levasseur, datées de 1742, complètent l'ensemble.

 Prenez la 1ʳᵉ Avenue vers le sud, puis tournez à gauche dans la rue du Trait-Carré Est, qui conduit au chemin Samuel.

La **maison Éphraïm-Bédard** *(entrée libre; mi-juin à mi-août mer-dim 12h à 19h, début sept à mi-juin mar et jeu 13h30 à 16h; 7655 ch. Samuel, ☎418-624-7745)*, en pièce sur pièce (fin XVIIIᵉ siècle), est l'une des rares survivantes du Vieux-Charlesbourg. La société historique locale y est installée depuis 1986 et y présente une exposition sur l'évolution du Trait-Carré. Les cartes anciennes et les photos aériennes exposées permettent de mieux comprendre la physionomie particulière de Charlesbourg.

Si l'on reprend la rue du Trait-Carré Est, on peut voir, au numéro 7970, la **maison Magella-Paradis** *(entrée libre; sept à juin ven 19h à 21h, sam-dim 13h à 17h; juin à août mer-dim 10h30 à 17h30; ☎418-624-7961)*, qui date de 1833 et accueille des expositions d'art. Un peu plus loin, au numéro 7985, la **maison Pierre-Lefebvre**, érigée en 1846, abrite la **Galerie d'art du Trait-Carré** *(mi-juin à mi-août mer-dim 12h à 19h, début sept à mi-juin mar et jeu 13h30 à 16h; ☎418-623-1877)*, où sont présentées des œuvres d'artistes locaux.

 Tournez à droite dans la 80ᵉ Rue Est. À l'angle du boulevard Henri-Bourassa se trouve l'ancien moulin des jésuites.

Moulin des jésuites ★ *(entrée libre; mi-juin à début sept mer-dim 10h à 18h, sept à mi-juin sam-dim 10h à 17h; 7960 boul. Henri-Bourassa, ☎418-624-7720, www. moulindesjesuites.qc.ca)*. Ce joli moulin à eau, en moellons crépis, est le plus ancien bâtiment de Charlesbourg. Il

a été érigé en 1740 pour les jésuites, alors seigneurs des lieux. Après plusieurs décennies d'abandon, le bâtiment de deux niveaux a enfin été restauré en 1990 pour accueillir le **Centre d'interprétation du Trait-Carré**.

 Empruntez le boulevard Saint-Joseph dans le prolongement de la 80ᵉ Rue Ouest. Il prend ensuite le nom du boulevard Bastien.

Wendake
★

Chassées de leurs terres ontariennes par les Iroquois au XVIIᵉ siècle, 300 familles huronnes s'installent en divers lieux autour de Québec avant de se fixer définitivement, en 1700, à La Jeune-Lorette, aujourd'hui Wendake. Le visiteur sera charmé par le village aux rues sinueuses de cette réserve amérindienne sur les berges de la rivière Saint-Charles. En visitant ses musées et ses boutiques d'artisanat, il en apprendra beaucoup sur la culture des Hurons-Wendat, peuple sédentaire et pacifique.

L'**église Notre-Dame-de-Lorette** ★ *(73 boul. Bastien)*, l'église des Hurons-Wendat, dont les objets sacrés et les oeuvres d'art datent de la construction de la chapelle originelle (1730), rappelle les premières églises de Nouvelle-France. L'humble édifice, revêtu d'un crépi blanc, recèle des trésors insoupçonnés que l'on peut voir dans le chœur et dans la sacristie. Certains

La vallée de la rivière Jacques-Cartier

de ces objets ont été donnés à la communauté huronne par les jésuites et proviennent de la première chapelle de L'Ancienne-Lorette (fin XVIIᵉ siècle). Parmi les œuvres exposées figurent plusieurs statues de Pierre-Noël Levasseur réalisées entre 1730 et 1740, un parement d'autel représentant un village amérindien, du sculpteur huron François Vincent (1790), et une très belle *Vierge à l'enfant*, d'un orfèvre parisien (1717). À cela, il faut ajouter un reliquaire de 1676, des chasubles du XVIIIᵉ siècle et divers objets de culte signés Paul Manis (vers 1715). L'élément le plus intéressant demeure toutefois le petit tabernacle doré, de style Louis XIII, du maître-autel, sculpté par Levasseur en 1722. La maison Aroüanne (voir ci-dessous) organise des visites guidées.

La **maison Aroüanne** *(entrée libre; début mai à fin sept tlj 9h à 16h, début oct à fin avr sur réservation; 10 rue Chef Alexandre Duchesneau,* ☎*418-845-1241)*, située à proximité de l'église, raconte la culture et les traditions huronnes en présentant des vêtements traditionnels et des objets usuels. On y présente également des expositions temporaires et des événements à caractère culturel.

 Onhoüa Chetek8e ★ *(9,50$; nov à avr tlj 10h à 18h, mai à oct tlj 8h30 à 17h; 575 rue Stanislas-Kosca,* ☎*418-842-4308,* www.huron-wendat. qc.ca) est une reconstitution d'un village huron tel qu'il en existait aux débuts de la colonisation. On y retrouve l'aménagement du village avec ses maisons longues en bois et ses palissades. Le site a pour but de faire découvrir aux visiteurs le mode de vie et d'organisation sociale de la nation huronne-wendat. Le restaurant du village met en vedette la cuisine amérindienne.

La **Maison Tsawenhohi** *(droit d'entrée; mi-mai à oct tlj 10h à 17h, réservations requises le reste de l'année; 75 Chef Nicolas Vincent Tsawenhohi,* ☎*418-845-0700)*, dont le nom huron-wendat signifie «l'homme qui voit clair», a été achetée en 1804 par le grand chef Nicolas Vincent Tsawenhohi. Elle fait maintenant partie du patrimoine de la nation huronne-wendat et abrite un centre d'interprétation des savoirs-faire traditionnels ainsi qu'une boutique d'artisanat. Les poils d'orignal, le piquant de porc-épic, le cuir et l'écorce de bouleau servent à la fabrication de paniers, de mocassins, de raquettes et du «tambour d'eau» (il y a vraiment de l'eau dedans).

Le **Centre culturel Hanenharisgwa** *(465 rue Stanislas-Koska,* ☎*418-845-5580)*, au nord-est de Wendake, propose différents forfaits de familiarisation avec la culture amérindienne. Vous pouvez participer à diverses activités d'initiation aux coutumes et au monde spirituel des Hurons-Wendat.

➜ *De Wendake, vous pouvez vous rendre dans la région du lac Saint-Joseph, au nord-ouest, un lieu de villégiature très populaire auprès des Québécois qui utilisent ce plan d'eau pour la baignade et les sports nautiques tout au long de l'été.*

La vallée de la rivière Jacques-Cartier

Sainte-Catherine-de-la-Jacques-Cartier

Sainte-Catherine-de-la-Jacques-Cartier avoisine la **Station touristique Duchesnay** ★ *(143 route Duchesnay, ☎418-875-2122 ou 877-511-5885, www.sepaq.com)*, un beau parc quatre-saisons où l'on construit, en hiver, le célèbre **Hôtel de glace** ★ *(visites guidées 14$, 10$ après 20h; début jan à fin mars tlj 10h à 24h; ☎877-505-0423, www.hoteldeglace.qc.ca)*, une époustouflante réalisation! Inspiré du modèle suédois original, l'Hôtel de glace de Québec est le seul du genre en Amérique du Nord et figure sans contredit parmi les attractions incontournables du continent! Bien sûr, sa durée de vie est limitée (début janvier à fin mars), mais, chaque année, les bâtisseurs se remettent à la tâche pour ériger ce magnifique complexe à l'aide de plusieurs tonnes de glace et de neige. Et l'on ne se contente pas d'empiler des blocs de glace, on s'en sert aussi pour décorer! Le hall d'entrée, par exemple, se voit surmonté d'un splendide lustre de glace. L'hôtel abrite une galerie d'art où les sculptures de neige et de glace rivalisent d'originalité, une salle d'exposition, un petit cinéma, une chapelle et un bar où l'on sert de la vodka dans des verres de glace! Émerveillement garanti!

Lac-Beauport

 De Charlesbourg, un circuit alternatif permet d'explorer les environs de Lac-Beauport. Prenez la route 73, qui devient la route 175 vers Lac-Beauport.

Lac-Beauport est un lieu de villégiature fort prisé tout au long de l'année. Une station de ski alpin a été aménagée dans la région: **Le Relais**. Autour du lac Beauport, de fort belles plages sont mises à la disposition des visiteurs en été.

 La route 175 passe en bordure des centres de villégiature de Lac-Delage, de Stoneham et de Tewkesbury. Elle donne accès, plus loin, au parc national de la Jacques-Cartier et à la réserve faunique des Laurentides.

 Le **parc national de la Jacques-Cartier** ★★ *(3,50$; route 175 N., ☎418-848-3169 en été, ☎418-528-8787 en hiver, ☎800-665-6527, www.sepaq.com)*, qui se trouve enclavé dans la réserve faunique des Laurentides, à 40 km au nord de Québec, accueille toute l'année une foule de visiteurs. Le site est propice à la pratique de plusieurs activités de plein air. On y trouve une faune et une flore abondantes et diversifiées qu'il fait bon prendre le temps d'admirer. Les détours des sentiers bien aménagés réservent parfois des surprises, comme un orignal et son petit en train de se nourrir dans un marécage. Un centre d'accueil et d'interprétation permet de bien s'informer avant de se lancer à la découverte de toutes ces richesses.

 *Pour revenir à Québec, reprenez la route 175 vers le sud.*

Index

A

B

C

D

F

G

H

I

J

K

L

M

N

O

P

Q

R

S

T

U

V

W

Distances en kilomètres, par le chemin le plus court

Exemple: la distance entre Montréal et Québec est de 259 km.

	Baie-Comeau	Boston (Mass.)	Charlottetown (Î.-P.-É.)	Chibougamau	Gaspé	Gatineau / Ottawa	Halifax (N.-É.)	Montréal	New York (N.Y.)	Niagara Falls (Ont.)	Québec	Rouyn-Noranda	Saguenay	Sherbrooke	Toronto (Ont.)
Boston (Mass.)	1040														
Charlottetown (Î.-P.-É.)	724	1081													
Chibougamau	679	1152	1347												
Gaspé	293	1247	867	1214											
Gatineau / Ottawa	869	701	1404	725	1124										
Halifax (N.-É.)	807	1165	265	1430	952	1488									
Montréal	674	512	1194	700	924	205	1290								
New York (N.Y.)	1239	352	1421	1308	1550	814	1508	608							
Niagara Falls (Ont.)	1334	767	1836	1298	1590	543	1919	670	685						
Québec	414	648	984	521	700	461	1056	259	834	925					
Rouyn-Noranda	1171	1136	1833	517	1551	522	1916	636	1246	858	872				
Saguenay	316	849	992	363	636	666	1076	463	1045	1126	210	860			
Sherbrooke	656	426	1187	757	906	356	1271	157	657	827	240	786	445		
Toronto (Ont.)	1224	906	1746	1124	1476	399	1828	546	823	141	802	606	1000	693	
Trois-Rivières	544	566	1089	577	809	322	1173	138	750	814	130	742	334	155	688